Los orígenes hispanos de Oregón

Los orígenes hispanos de Oregón

APROXIMACIÓN HISTÓRICA A LA PRESENCIA HISPANA EN LA COSTA OESTE DE NORTEAMÉRICA (1543 – 1819)

OLGA GUTIÉRREZ RODRÍGUEZ

Prólogo de Jaime Marroquín Arredondo

Epílogo de David G. Lewis

WESTERN OREGON UNIVERSITY

INSTITUTO DE CULTURA OREGONIANA

Western Oregon University, Monmouth, OR 97361
Instituto de Cultura Oregoniana, Salem, OR 97304
Publicado 2023 - ISBN: 9798386138431
Impreso en Estados Unidos de América.

Coordinador del proyecto: Matías Trejo De Dios
Editores: Jaime Marroquín Arredondo y Sue Kunda
Diseño de cubierta: Matías Trejo De Dios

Para leer este libro en formato electrónico, y en su versión más actual, ver:
https://openoregon.pressbooks.pub/origeneshispanosoregon/

Para leer la versión en inglés de este libro en formato electrónico, y en su versión más actual, ver:
https://openoregon.pressbooks.pub/hispanicoriginsoforegon/

Índice

Sección III. El siglo XVIII: La colonización de la costa Oeste de los Estados Unidos con la fundación de misiones y asentamientos, y los viajes de exploración de la costa pacífica de Norteamérica hasta Alaska

Sección IV. Nutka y Oregón

Sección V. <u>Conclusiones</u>

Lista de Ilustraciones

1. Juan Páez, *Relación acerca de los descubrimientos de Juan Rodríguez* (1542)

2. Enrico Martínez, *Demarcaciones de la costa occidental de la Nueva España* (1602)

3. Fray Junípero Serra, *Carta con información acerca de la expedición de Juan Pérez a California* (1774)

4. Juan Pérez, *Diario de navegación* (1774)

5. Amuleto haida, recogido en 1774

6. Bruno de Heceta, *Diario de navegación* (1775)

7. Bruno de Heceta, *Mapa de la bahía de la Asunción* [estuario del río Columbia] (1775)

8. Juan Francisco de la Bodega y Quadra, *Carta Reducida de las Costas y Mares Septentrionales de la California* (1775)

9. Juan Francisco de la Bodega y Quadra, *Tabla diaria de la situación de la fragata Favorita* (1779)

10. Juan Francisco de la Bodega y Quadra, *Carta reducida de las Costas y Mares Septentrionales de Californias* (1780)

11. Tomás de Suria, *Macuina, Jefe de Nutka* (1792)

12. José Cardero, *Puerto de Núñez Gaona* [en realidad San Lorenzo de Nutka] (c. 1792)

13. Miguel Venegas, *Mapa de la América Septentrional, Asia oriental y el Mar del Sur* (1756)

Abreviaturas empleadas

Ministerio de Educación Cultura y Deporte (MECD)

Archivo General de Indias (AGI)

Biblioteca Digital Mundial (WDL)

Archivo Histórico Nacional (AHN)

Archivo General de Simancas (AGS)

Colección de Documentos Inéditos para la Historia de España (CODOIN)

Nota del coordinador del proyecto

MATÍAS M. TREJO DE DIOS

En julio del año 2018 me encontraba en Sevilla con la misión de encontrar pistas sobre el pasado de Oregón, intentando contactar con personas expertas en la historia de las Américas y relacionadas con los archivos que guardan y preservan los documentos de la época colonial. Tres buenos amigos conocedores de la vida de la capital andaluza y de sus gentes, Pablo Martín Pascual, Jesús Jordano Fraga y David Cox, me pusieron en contacto con la investigadora Olga Gutiérrez, a la cual me presenté como Comisionado del Patrimonio del Estado de Oregón y como director del Instituto de Cultura Oregoniana, con la intención de relatarle la falta de referencias históricas sobre ese período de más de dos siglos y medio de los actuales estados de Oregón y Washington. Su interés y compromiso fue inmediato, pareciéndole el proyecto cautivador, y tras una primera reunión le encomendé la tarea de tratar de identificar y localizar la documentación que conforma este apasionante estudio. Tras varios meses de intenso trabajo de investigación, Olga Gutiérrez me envió un documento que compilaba todo el material que había conseguido encontrar en los archivos históricos españoles.

Con gran emoción constaté que el texto documentaba un período de más de doscientos cincuenta años de historia, entre los años de las primeras expediciones españolas a la costa del Pacífico estadounidense, a mitad del siglo XVI, hasta la firma del Tratado de Adams-Onís, en 1819, de lo que hoy se conoce como los estados de Oregón y Washington.

En estas costas quedaron vestigios de una época legendaria, conservados fundamentalmente en la tradición oral de los pueblos originarios, en los nombres hispanos de diferentes emplazamientos que aún perduran y también en escasos hallazgos arqueológicos. Pero, además de estos relatos y de la toponimia de algunos lugares, afortunadamente gran parte de esa historia quedó registrada tanto por las tripulaciones hispanas de los navíos que, mientras exploraban las costas, redactaron diarios de navegación y levantaron planos y mapas, como en la correspondencia, los documentos y la cartografía oficial elaborada por las autoridades al servicio de la Corona española, siendo el destino final de toda esa formidable documentación los archivos hispanos, y especialmente el Archivo General de Indias en Sevilla, España.

Tras leer el texto original, notifiqué a todas aquellas personas interesadas en esta aventura la existencia de este interesantísimo e ingente fondo documental a través del cual se podría recuperar la historia de la presencia hispana en Oregón. Tras la identificación, la transcripción de la documentación y la síntesis de las fuentes primarias localizadas en los archivos españoles, así como el estudio de la bibliografía especializada, el profesor Jaime Marroquín comenzó a trabajar con Olga para editar esta historia, para evaluar lo mejor posible las fuentes y todas las evidencias recopiladas y tratar de narrar con amenidad y concisión todos aquellos acontecimientos ocurridos desde los primeros viajes exploratorios de las naos hispanas por estas costas hasta la firma del Tratado de Adams-Onís, subrayando, además, la importancia del virreinato de la Nueva España, hoy México, para el acúmulo de recursos, experiencia y personas necesarios para llevar a cabo todas las exploraciones hispanas de las costas septentrionales del Pacífico.

Para completar esta historia y poder interpretar correctamente los hechos del pasado nos pareció también necesario contextualizar las fuentes seleccionadas e interrelacionar los acontecimientos descritos por los hispanos con la tradición oral y los relatos transmitidos de generación en generación entre los pueblos indígenas. Esa importante interrelación fue auspiciada y llevada a cabo por el profesor antropólogo de la Universidad del Estado de Oregón y miembro de la Confederación de Tribus del Grand Ronde, David G. Lewis, quien, además de revisar y actualizar la obra para dimensionarla y representar en ella adecuadamente a las tribus referenciadas a lo largo de este estudio, también analizó el efecto que tuvo en ellas aquella primera etapa colonizadora, desde 1543 hasta 1819.

Teníamos ya la obra y fue el momento de pensar en publicarla; esto fue posible gracias a la generosa intervención de Kathy Cassity, la decana del Colegio de Artes Liberales de la Universidad de Western Oregon, quien hizo posible que el libro fuera coeditado por la Universidad y por el Instituto de Cultura Oregoniana. La edición de la obra contó con la invaluable ayuda de Sue Kunda, bibliotecaria de WOU, quien no solo aceptó coeditar el libro con el profesor Marroquín Arredondo, sino que tuvo la muy acertada idea de publicarlo en Pressbooks, la plataforma de Open Oregon Educational Resources.

Gracias a las universidades, a las instituciones oficiales y a las personas amantes de la historia que nos han animado durante el proceso de investigación y de redacción de esta obra, que trata de recuperar las diferentes crónicas de los hechos acontecidos y reivindicar que se inscriban y comprendan en su contexto histórico, a fin de poder estudiar así este interesantísimo período de nuestra historia, alejándonos de términos simplistas o maniqueos y presentando un proyecto de futuro en el que también participen otros protagonistas de la historia temprana del antiguo Territorio de Oregón con un mismo objetivo: renovar la historiografía y explicar las particularidades de un espacio tan diverso como es el de la Costa Noroeste del Pacífico y todos aquellos acontecimientos históricos que dieron lugar a lo que somos en la actualidad, procurando una conciliación histórica que hasta ahora ha resultado imposible.

Así, con la publicación de este estudio hemos querido iniciar un proyecto de integración que rinda homenaje a todos aquellos que navegaron, habitaron y transitaron estos territorios: a las tripulaciones de las naos de los expedicionarios españoles, a los nativos americanos que poblaban esta parte del continente, a los novohispanos, a los británicos y rusos que se establecieron aquí para comerciar, a los estadounidenses que peregrinaron hacia estas tierras, etc. Proponemos una conmemoración de todas aquellas personas que fueron las verdaderas protagonistas del pasado de estos territorios, cuyos descendientes son las generaciones oregonianas del presente, y cuyas vivencias, en ocasiones omitidas durante siglos, constituyen la crónica de la real dimensión histórica del noroeste estadounidense.

¡Vamos adelante!

Matías M. Trejo De Dios

Director del Instituto de Cultura Oregoniana

Comisionado del Patrimonio de Oregón

Prólogo

JAIME MARROQUÍN ARREDONDO

Este libro, una historia amena y didáctica de las exploraciones hispanas a las costas occidentales de América del Norte, nos remonta a los orígenes de la globalización. Salvo para sus pobladores originarios, las tierras del noroeste americano eran consideradas entonces como *terra incognita,* si bien se adivinaba su riqueza a la vista del rico tráfico de pieles en sus costas. Los tres recursos principales con los que contaban los primeros imperios transoceánicos para conocer, adueñarse o controlar las tierras indígenas que iban quedando por el mundo, incluido el antiguo Territorio de Oregón, eran las exploraciones científicas, la diplomacia y la guerra. En las páginas que siguen se narran, justamente, los esfuerzos hispanos por explorar, comerciar, intentar establecerse, y disputar con Inglaterra, Rusia y los Estados Unidos el control de la región. Los ganadores fueron, claro está, los Estados Unidos de América. Para sus ciudadanos, las tierras del noroeste se volvieron símbolo de su destino como colonizadores del llamado Salvaje Oeste. La célebre Senda de Oregón permitió a los migrantes anglosajones y sus esclavos partir desde el río Missouri, pasar por los actuales estados de Kansas, Nebraska y Wyoming, y establecerse en el noroeste americano.

La fama de esta migración estadounidense, inaugurada por Lewis y Clark, ha oscurecido por largo tiempo la historia antigua del extenso Territorio de Oregón, incluidos los tres siglos en los que fue la frontera norte del reino colonial de la Nueva España y en los que los imperios de España, Inglaterra y Rusia se disputaban el control de sus costas. El Noroeste americano se convirtió en un territorio de importancia estratégica debido a la riqueza de su comercio de pieles, su conexión marítima con Asia cerca del Ártico y, sobre todo, por su proximidad con la ruta principal de comercio entre el Asia oriental y los reinos hispánicos de América. Debido a las corrientes oceánicas y de viento, la navegación desde Manila a las llamadas Indias Occidentales implicaba arribar a las costas de la Alta California para, desde ahí, navegar al sur rumbo a Acapulco y Lima. La seda china, entre otros productos orientales, era llevada por tierra desde Acapulco a la Ciudad de México, y de allí al puerto de la Veracruz. Las restantes mercancías asiáticas y los nuevos productos americanos, incluida la plata, zarpaban desde ahí con rumbo a La Habana y Sevilla.

El virreinato mexicano proveyó de las personas, los recursos y las prácticas necesarias para llevar a cabo tanto la empresa de exploración y colonización de las Filipinas, como la del establecimiento de la primera ruta de comercio verdaderamente global y transoceánica. Los territorios del noroeste americano pronto se volvieron cruciales para la protección de esta ruta comercial, especialmente después de que la trágica expedición de Bering alcanzase las costas de Alaska, desde Rusia, en el siglo XVIII. Así, tanto los viajes de exploración en las costas del Pacífico norte de América, como el relativamente breve intento por establecer un pueblo colonial en Nutka, cerca de la actual isla de Vancouver, al sur de Canadá, fueron empresas a la vez españolas y mexicanas. La administración de México organizó y proporcionó los recursos necesarios para las expediciones septentrionales, además de que varios criollos novohispanos formaron parte de la oficialía y de los contingentes científicos que iban a bordo. Las tripulaciones de los navíos se compusieron de manera creciente de los llamados *mestizos* y *naturales,* estos últimos personas indígenas provenientes tanto de la Nueva España como de las islas de Asia oriental, en particular de las islas Filipinas, entonces bajo el control administrativo del virreinato de la Nueva España.

De este modo, la numerosa presencia mexicana en Oregón tiene una historia prácticamente ininterrumpida desde mediados del siglo XVI, pues el fin de la Nueva España a inicios del siglo XIX no interrumpió la migración desde el sur. Al contrario, muchos vaqueros de California trabajaron en Oregón desde los primeros años de ese siglo. Su presencia era bienvenida en los ranchos y pastizales del sur, como atestigua la permanencia de la palabra *buckaroo* en diversas partes del estado. La profunda raíz indígena de México permite aventurar también que las constantes migraciones al septentrión occidental desde los pueblos mexicanos han sido, desde una perspectiva histórica de larga duración, un retorno. Baste recordar que la más grande de las familias lingüísticas de los pueblos originarios de Oregón proviene de la rama uto-azteca, que se extendió desde el noroeste del continente hasta la América Central.

Ojalá que los educadores, historiadores y lectores interesados en la historia de Oregón y en las expediciones coloniales de reconocimiento y estudio de un mundo por primera vez global, hagan suya esta historia.

Agradecimientos

El Instituto de Cultura Oregoniana y Western Oregon University agradecen el apoyo de las siguientes instituciones que han hecho posible la publicación de esta obra:

Confederación de tribus de Grand Ronde

Consulado de México en Portland, Oregón

Consulado de España en San Francisco

Ministerio de Educación, Cultura y Deporte de España

Archivo General de Indias, Sevilla, Andalucía, España

Archivo General de Simancas, Valladolid, Castilla y León, España

Embajada del Perú en España

Capitolio del estado de Oregón (Oregon State Capitol)

Comisión del patrimonio de Oregón (Oregon Heritage Commission)

Oregon Sate University, Oregón, EE. UU.

Southern Oregon University, Oregón, EE. UU.

Oregon Historical Society

Royal Chicano Air Force

Introducción

Muchos historiadores, investigadores, estudiosos y personas interesadas en el pasado del continente americano comparten su descontento por la manera en la que comúnmente se narra la historia del mundo hispano en el llamado Nuevo Mundo. Como apunta María Elvira Roca Barea,[1] quizá la razón más poderosa por la que se condena sin más la colonización hispana de América sea que a los herederos de los mayores responsables de la desaparición de la población nativa, los llamados anglos o estadounidenses "blancos", les ha interesado ocultar lo más posible su participación en esta tragedia. En cualquier caso, esta visión sesgada de la presencia hispana en el continente da lugar a una polémica que está muy alejada de la realidad y que perjudica, sobre todo, a los hispanos o latinos, ya que estos no se dan por aludidos en la extendida crítica o la generalizada censura de su pasado, y eso, como bien nos recuerda la profesora Roca Barea, forma parte de una erosión cultural constante que les deja en una posición de aculturación y debilidad.

Como parte de una nueva historiografía que busca una visión más completa de la conquista y colonización del continente americano, este estudio aporta información sobre la presencia de los hispanos en las costas al poniente del septentrión y las huellas que dejaron en dichos territorios. Para ello, tenemos que empezar contando que la incorporación territorial de la zona oeste de los Estados Unidos, así como de Canadá y Alaska, a la Monarquía hispánica se desarrolló fundamentalmente durante las últimas décadas del siglo XVIII, ya que los viajes realizados en los siglos anteriores habían sido básicamente de descubrimiento y exploración, y es que prácticamente hasta principios de dicho siglo aún se pensaba que la península de California era una isla desde la que nacía el mítico Estrecho de Anián o Paso del Noroeste, a través del cual se podría navegar hasta Asia. Así, la costa del Pacífico septentrional constituyó una incógnita hasta bien entrado el siglo XVIII, cuando los hispanos, con sus exploraciones por el litoral desde puertos mexicanos hasta Alaska, entraron en contacto con civilizaciones indígenas hasta entonces desconocidas por los europeos, promovieron la creación de las primeras ciudades en Norteamérica y comenzaron a cartografiar todas aquellas tierras. El origen de todo ello lo encontramos no en la necesidad o búsqueda por parte de la Monarquía hispánica de explotar todo ese vasto territorio, en cuanto a sus recursos y a sus pobladores, sino más bien en la presencia de los británicos en la costa del Pacífico y en la expansión rusa desde Siberia hacia la América septentrional, alegando estos últimos que ellos tenían más derechos que cualquier otra potencia en cuanto a la posesión de aquellas tierras, ya que antiguamente habían sido pobladas por habitantes de Siberia. Como el mismo virrey de la Nueva España, Antonio María de Bucareli y Ursúa, comentó a raíz del conocimiento de la presencia de los rusos en el continente americano, en carta fechada en diciembre de 1773:

> "Juzgo que cualquier establecimiento de los Rusos en el continente o de cualesquiera otra potencia extranjera debe precaverse, no porque al Rey le haga falta extensión de terreno, cuando tiene en sus dominios conocidos mucho más de lo que se puede poblar en siglos, sino es por evitar las consecuencias que atraería el tener otros vecinos que los indios".[2]

Y es que como bien dijo Simón Bolívar: "por el engaño se nos ha dominado más que por la fuerza", o parafraseando al político y escritor José Martí: "ser cultos es el único modo de ser libres".[3]

Notas

1. Roca Barea, María Elvira. Imperiofobia y leyenda negra, Roma, Rusia, Estados Unidos y el Imperio español, edit. Siruela, Madrid, 2016.
2. MECD, AGI, Estado 20, N.1.
3. Discurso pronunciado por Bolívar ante el Congreso de Angostura el 15 de febrero de 1819, y afirmación hecha por Martí en su trabajo *Maestros Ambulantes* en La América, mayo de 1884.

El siglo XVI: Las primeras expediciones y la navegación hasta los 44 grados de latitud

1. Primera mitad del siglo XVI

EXPEDICIÓN DE FORTÚN JIMÉNEZ A BAJA CALIFORNIA

Unos años después de la firma del Tratado de Tordesillas, en 1513, el explorador Vasco Núñez de Balboa cruzó el istmo de Panamá y descubrió el océano Pacífico, tomando posesión de manera solemne de todas las aguas de ese océano, y también de todas las tierras bañadas por él, reforzando así los derechos de la Corona de Castilla. Y aunque algunos historiadores afirman que en 1527 el navegante Álvaro de Saavedra Çerón, primo de Hernán Cortés, navegó cerca de las costas californianas, no sería hasta dos décadas después de la firma de dicho Tratado, ya en 1533, cuando los castellanos llegarían a la Baja California.

El primero de ellos fue el piloto Fortún Jímenez, quien salió a navegar desde el puerto novohispano de Cozcatlán (actual Manzanillo) siguiendo la costa hacia el noroeste, bajo el mando de Diego Becerra, otro primo de Cortés, en un navío propiedad de este, llamado la Concepción, y que, tras provocar un motín a bordo de la nave, consiguió llegar al actual puerto de La Paz, pensando que era una isla y no una península. Allí, debido al terrible desencuentro que tuvo con los indios de la región (posiblemente guaycuras o pericúes, que entonces se disputaban ese territorio), quienes respondieron a la violencia y robos ejercidos por los navegantes hispanos enfrentándose con ellos, Jímenez y otros hombres murieron, mientras que los pocos supervivientes de la expedición consiguieron navegar de regreso hasta las costas de Jalisco. Pero no fue Jiménez sino Hernán Cortés quien dio nombre a ese territorio, cuando auspició la tercera expedición para explorar las costas del Pacífico en 1535. Entonces los navegantes, bajo su mando, y el de su hombre de confianza el capitán Francisco de Ulloa, llegaron de nuevo a la actual bahía de La Paz, que ahora sí bautizaron como de la Santa Cruz. Allí, tras levantar un pequeño poblado al que llamaron Puerto del Marqués, permanecieron varios meses, durante los cuales tuvieron contactos relativamente pacíficos con los naturales (guaycuras), de los que llegaron a recoger algunas impresiones sobre su modo de vivir, reconociendo la zona e incluso llegando a trazar un primer mapa de California, una carta anónima muy sencilla que comprende la costa entre el cabo Corrientes y los ríos San Pedro y San Pablo y el extremo meridional de la península, en la que se identifican las islas de Perlas y Santiago, y en la que de la península de California solo se dibuja la punta inferior, por lo que no queda definida ni como península ni como isla.[1]

Según algunos autores, este primerísimo mapa la convertiría por fin en tierra de frontera, para empezar a dejar de pertenecer al mundo de los mitos. Aunque más bien fue la hostilidad del territorio y la carencia de agua y comida lo que hizo que los expedicionarios, que en un primer momento creían haber alcanzado las tierras del mítico reino que aparecía en la famosa novela de caballería de la época *Las Sergas de Esplandián*, evidenciasen que en la tierra que habían alcanzado no había ninguna de las riquezas que ellos esperaban.[2] Y es que como es sabido, en dicha novela, escrita por Garci Rodríguez de Montalvo hacia fines del siglo XV, se habla de la mítica isla de California, poblada de amazonas, rica en oro y gobernada por la reina Calafia. Fue por ello que la península recibió el nombre de California, y por extensión también se denominaría del mismo modo a todos los territorios localizados al norte de ella. Pero los primeros españoles que alcanzaron la bahía de La Paz, más que disfrutar de ese mítico lugar del que hablaba Rodríguez de Montalvo y sus riquezas, se encontraron con una tierra que les causó una profunda decepción, y de la que prácticamente el único provecho que sacaron fueron las perlas que obtuvieron de los nativos de la zona (y que supondrían el posterior imán de diferentes viajes a las Californias).

EXPEDICIÓN DE ULLOA A LA BAHÍA DE SANTA CRUZ

Regresó en 1536 Cortés a Acapulco, dejando a Ulloa como teniente gobernador en el poblado que habían fundado en la bahía de La Paz, donde permanecería durante casi dos años hasta abandonarlo definitivamente, al no poder hacer frente al hambre y las enfermedades que sufrían los colonos. No obstante la dureza del territorio conocido hasta entonces, y el fracaso que había representado la última expedición de Cortés, este auspició un nuevo viaje, que de nuevo emprendería Ulloa en 1539, con el propósito de explorar el mar que rodeaba a la bahía de Santa Cruz. Zarparon las naves desde Acapulco y, tras navegar hacia el norte y sufrir el naufragio de una de ellas, los expedicionarios lograron penetrar en el Golfo de California para llegar hasta el delta del río Colorado, lugar al que nombraron Ancón de San Andrés, por haber llegado allí ese mismo día, y Mar Bermejo (o Mar de Cortés), por el color rojizo que le daban las aguas del dicho río. Continuó Ulloa reconociendo la costa hasta confirmar que se trataba de una península, levantando los primeros mapas de la zona Domingo del Castillo, piloto conocedor del trazo de cartas marinas, que le acompañaba, aunque en la cartografía elaborada con posterioridad en ocasiones se siguiese representando como una isla. Una vez alcanzado el punto más al norte de su navegación, y creyendo haber llegado hasta los 34 grados, aunque realmente se encontraban a poco más de 31, las naos de Ulloa emprendieron el regreso al sur hasta entrar de nuevo en la bahía de La Paz y navegar hasta el extremo sur de la península, para después doblar el cabo San Lucas y poner rumbo al noroeste hasta la isla de la Magdalena, donde Ulloa resultó herido tras un enfrentamiento con los nativos. En abril de 1540 los expedicionarios se encontraron en la isla de Cedros, a la que los naturales parece ser que llamaban Huamalgá, que significa la nebulosa, donde permanecieron durante casi tres meses esperando una mejora del clima; pero los vientos contrarios no permitieron navegar a las naos y solo pudieron llegar hasta un cabo cercano al que llamaron del Engaño (que bien podría ser la actual Punta Antonio o la Punta Baja), desde donde tuvieron que regresar hacia La Paz. Una vez allí zarparon de nuevo hacia la isla de Cedros, y Ulloa envió una de sus naos con correspondencia a Cortés para informarle de todo lo sucedido hasta entonces, mientras él intentaba continuar sus exploraciones hacia el norte con unos pocos marineros a bordo de una nao que finalmente se perdió en el mar. Nunca más se volvió a saber de él.

LOS ANTIGUOS HABITANTES DE BAJA CALIFORNIA

En cuanto a las relaciones con los nativos, se puede decir que realmente fueron Ulloa y sus hombres quienes mantuvieron por primera vez ciertos contactos con los naturales de la costa occidental de la Baja California, llegando incluso a observar las diferencias existentes entre las distintas gentes (probablemente todos ellos guaycuras y pericúes) que habitaban la costa en algunos de los lugares que visitaron, como la bahía de La Paz, la bahía Magdalena y, finalmente, la isla de Cedros, donde quedaron sorprendidos, tanto por la cantidad de árboles que había, por lo que llamaron así al lugar, como por las canoas que empleaban los nativos y por el diestro manejo de ellas.

En la Baja California Sur habitaban desde hacía más de diez mil años los pericúes (también llamados edúes o coras) en la zona más al sur, los guaycuras (guaicuras o waicuras) en el área central, y los cochimíes en el extremo norte. Como muchos de los pueblos nativos de las costas occidentales de Norteamérica, todos ellos eran básicamente nómadas que vivían de la caza, la pesca y la recolección, explotando los recursos marinos y terrestres de su entorno, sin llegar a establecerse nunca en grandes asentamientos. Estos pueblos de la Baja California tampoco practicaban la agricultura ni la ganadería, y aunque se trataba de grupos bastante diferenciados entre sí parece ser que los dos primeros guardaban ciertas semejanzas en cuanto a su idioma, lo que no evitaba que mantuviesen continuos conflictos, mientras que los que habitaban los territorios más al norte pertenecían al grupo étnico lingüístico de la familia yumano-cuchimí. La mayor parte de la información etnográfica que tenemos de los dos primeros grupos, que fueron con los que tuvieron algún contacto los navegantes hispanos durante la primera mitad del siglo XVI, proviene de los exploradores que les visitaron en esa época y de los misioneros que intentaron evangelizarlos después, destacando todos ellos su austera manera de vida, debida fundamentalmente a las difíciles y hostiles condiciones de los territorios que habitaban.

AUSENCIA DE ASENTAMIENTOS HISPANOS DURANTE EL SIGLO XVI

La costa oeste de los actuales Estados Unidos fue explorada por los hispanos ya durante los primeros años de la conquista del continente, pero fueron tantos los esfuerzos que tuvo que hacer la Monarquía hispánica para conquistar y colonizar el amplio territorio americano del centro y del sur del continente, así como las Filipinas y otros enclaves del Pacífico, y tan extendida la idea de que las costas de California eran un territorio más arduo y desafortunado, comparado con las riquezas que existían en otras zonas del continente, que fueron muy pocas las expediciones que se enviaron hacia la costa norte; por lo que tampoco se planteó la Corona en aquel entonces ni siquiera crear establecimientos permanentes en esas tierras. Como ya hemos comentado anteriormente, no sería hasta finales del XVIII, al tener noticias de las intenciones de rusos y británicos de fundar asentamientos en los dichos territorios, cuando los Borbones, con el fin de expulsar a las otras potencias europeas, enviarían numerosas expediciones y favorecerían la implantación de los primeros asentamientos en la costa noroeste de los Estados Unidos.

No obstante, aunque los hispanos no se estableciesen de manera oficial en la zona norte de la costa oeste del continente americano hasta finales del XVIII, sí que iniciaron los viajes exploratorios que les llevarían hasta esos territorios en las postrimerías de la primera mitad del siglo XVI, ya que, como hemos visto, fueron diversos los viajes llevados a cabo entonces por las costas occidentales más allá de las fronteras septentrionales de la Nueva España. De este modo, la Monarquía hispánica, a través del virreinato de la Nueva España, apoyó y auspició las exploraciones y descubrimientos en la ruta de poniente, tanto para buscar el camino hacia el oriente, y las míticas islas Ricas de Oro y Plata, como para conocer con mayor exactitud sus territorios y poder protegerlos de sus enemigos europeos.

NAVEGACIÓN DEL RÍO COLORADO Y EL PRIMER MAPA DE BAJA CALIFORNIA

Además de los viajes que hemos recogido hasta ahora, un año después de que Francisco de Ulloa alcanzase el extremo sur de la Alta California y descubriese el delta del río Colorado, Hernando de Alarcón, tras zarpar desde el puerto de Acapulco con instrucciones de llegar hasta el Mar de Cortés, navegaría por el dicho río, remontándolo en botes hasta llegar a su confluencia con el río Gila. Sería durante su expedición cuando el notable piloto Domingo del Castillo, que había acompañado anteriormente a Ulloa por esos mares, trazaría la primera carta geográfica completa de California, en la que este territorio aparece ya como una península, y no como una isla.

Cuando Alarcón regresó a México, tanto su relación del viaje como los mapas levantados tras él despertaron de nuevo el interés del entonces virrey de la Nueva España, Antonio de Mendoza, por la exploración del litoral exterior de California y por la búsqueda de un paso interoceánico, por lo que este decidió enviar una expedición a cargo del marino Juan Rodríguez Cabrillo, con la instrucción de costear California por la costa del Pacífico y navegar todo lo más que se pudiera hacia el norte. En la *Relación del Descubrimiento que hizo Juan*

Rodríguez navegando por la contra-costa del Mar del Sur al Norte,[3] escrita por Juan Páez en 1542, se explica con detalle el viaje realizado.

Según dicha Relación, partió la expedición de Rodríguez Cabrillo desde el puerto de la Navidad, para descubrir la costa de la Nueva España, el día 26 de junio de 1542 con dos navíos, el galeón San Salvador y la nao Victoria, a los que acompañaba un pequeño bergantín nombrado San Miguel. El 5 de agosto arribaron las embarcaciones a la isla que ya había visitado Ulloa, la de Cedros, en 28 grados largos de altura, para adentrase después en aguas en las que ninguna nao de la monarquía hispánica había navegado aún. A mediados de agosto ya habían alcanzado la altura de 30 grados, el 19 de agosto estaban en la isla de San Bernardo (actual isla de San Jerónimo) y el día 20 en la Punta del Engaño (actual Punta Baja), ya en 31 grados. Un poco más al norte, en 31 grados y medio, el 22 de agosto, el capitán Rodríguez Cabrillo bajó a tierra y tomó posesión de ella en nombre del rey Carlos I y del virrey Antonio Mendoza, y llamó al puerto Posesión (actual puerto de San Martín en la bahía de San Quintín). Allí trataron los expedicionarios de entablar relación con los naturales, indios pescadores "que huyeron quando vieron a los españoles, pero éstos tomaron a uno de ellos, al qual dándole ciertos rescates le soltaron".[4]

LOS KILIWA, LOS KUMIAI Y LOS KIZH

Estos nativos seguramente serían kiliwa, un grupo perteneciente a la familia étnico-lingüística de los yumanos del norte de la península de Baja California, área donde habitaban además los cucapá, pa ipai, kumiai y tipai, todos ellos descendientes de los primeros humanos que alcanzaron la dicha península hace al menos diez mil años, y que se trasladaban estacionalmente a lo largo de un extenso territorio buscando presas y especies de flora comestible, y también hacia las costas, donde pescaban o recolectaban moluscos. El encuentro con ellos estuvo marcado por la desconfianza y, aunque los exploradores permanecieron en el dicho puerto hasta el día 27 de agosto, no tuvieron ningún otro contacto con ellos y se dedicaron a preparar las velas y aprovisionarse de agua. Cuatro días después vieron humos y fueron hacia ellos en un batel, para encontrarse con otros treinta indios pescadores,

"de los que llevaron al navío un muchacho y dos indias, a los quales dieron de vestir y rescates, y los dejaron ir, de los quales no pudieron entender nada por señas (...). [A los cinco días] yendo a tomar agua hallaron ciertos indios que estuvieron quedos y les mostraron un xaguey de agua y una salina de sal, que había mucha, y dixeron por señas que no hacían su habitación allí sino dentro en la tierra, y que había mucha gente, este dicho día en la tarde vinieron cinco indios a la playa a los quales trajeron a los navíos, y parecieron indios de razón, y entrando en el navío señalaron y contaron los españoles que estaban ahí y señalaron que habían visto otros hombres como ellos que tenían barbas y traían perros y ballestas y espadas, venían los indios untados con un betún blanco por los muslos y cuerpo y brazos y traían a manera de cuchilladas puesto el betún, que parecían hombres en calzas y jubón acuchillados, y señalaron que a cinco jornadas de allí estaban los españoles, señalaron que había muchos indios y tenían mucho maíz y papagayos, venían cubiertos con cueros de venados adobados a manera de cómo adoban los mexicanos los cueros que traen en las cutaras, es gente crecida y dispuesta, traen sus arcos y flechas como los de la Nueva España, con sus pedernales las flechas, y dioles el capitán una carta para que llevasen a los españoles que decían que había dentro en la tierra".[5]

Se referían quizás los nativos a hombres de la expedición de Francisco Vázquez de Coronado o de la de Hernando Alarcón.

Partieron los navíos de Rodríguez Cabrillo del puerto de la Posesión el domingo 27 de agosto y siguiendo su rumbo hallaron una isla a dos leguas de tierra firme, a la que pusieron el nombre de San Agustín (actual isla de San Martín). Allí estuvieron hasta el 3 de septiembre, cuando reanudaron la navegación con buen tiempo; el día 7 de septiembre dieron fondo en una ensenada, y un día después, con vientos contrarios y corrientes escasas, llegaron a la punta del cabo de San Martín y al cabo de Santa María (llamado Ja' Tay Juwaat U' en kiliwa y después cabo Colnett o Punta Colonet por los ingleses, al norte de San Quintín), en 32 grados y medio, donde se encontraron con otros indios con los que no se pudieron entender.

Desde allí fueron hasta el cabo de la Cruz (actual Punta de Santo Tomás), en 33 grados, donde volvieron a ver a indios en canoas, para seguir navegando hasta la ensenada que nombraron de San Mateo (actualmente llamada de Todos los Santos), un puerto bueno y cerrado, donde tomaron agua en una lagunilla y vieron unas manadas de animales como ganado que andaban de ciento en ciento y que se parecían a las ovejas del Perú.[6] En 33 grados y medio bajaron a tierra y tomaron posesión de ella; permanecieron en ese puerto durante unos días y posteriormente continuaron navegando hasta los 34 grados. Un poco después, en 34 grados y un tercio, los exploradores hallaron un puerto al que llamaron San Miguel (actual San Diego), donde volvieron a encontrarse con indios, que les contaron por señas que tierra adentro había pasado gente como ellos. Esa misma noche bajaron algunos de los hombres de la expedición a tierra, a pescar con un chinchorro, y tres de ellos fueron heridos por flechas de los indios. Durante los dos días siguientes volvieron a tener los hombres de Cabrillo contacto con los nativos, y estos les contaron que tierra adentro había más gente como ellos, que con ballestas, espadas y a caballo habían matado a indios y que por eso les temían. Según lo que pudieron entender los expedicionarios aquí llamaban a los cristianos Guacamal, que en su lengua quería decir extranjero.[7] Seguramente estos nativos eran indios kumiai o kumeyaay, pertenecientes también al grupo de los yumanos.

Tras sufrir en el puerto de San Miguel el primer temporal, las naos de Cabrillo zarparon el 3 de octubre para volver a navegar hacia el norte. Pasaron por las islas que los marineros bautizaron en honor a sus embarcaciones como San Salvador (actual isla de Santa Catalina) y la Victoria (actual isla de San Clemente), donde de nuevo tuvieron un breve contacto con los nativos, seguramente algún grupo tongva que vivía en las islas del Canal del Sur, una de las tribus del grupo tákico que habitaban esos territorios desde hacía al menos diez mil años, perteneciente a la familia lingüística uto-azteca, también llamados kizh, y que después serían llamados gabrielinos. En 35 grados llegaron los hombres bajo el mando de Cabrillo a la que llamaron bahía de los Fumos o de los Fuegos (también llamada bahía de San Pedro, la actual bahía de Los Ángeles), y poco después a un pueblo de indios junto al mar con casas grandes "a la manera de las de la Nueva España", al que llamaron de las Canoas, por las muchas que allí había de los indios, con los que consiguieron comunicarse mediante señas, y estos les indicaron que tierra adentro había cristianos como ellos, a los que los nativos llamaban Taquimines.

UN ENCUENTRO CON LOS CHUMASH

Era el pueblo de las Canoas una gran aldea de indios chumash, del grupo que fue nombrado después ventureño, que llamaban al lugar Humaliwu (cuya traducción sería el lugar donde las olas suenan fuerte). Los ahora conocidos como chumash, palabra que deriva de Michumash, que significa fabricantes de dinero de cuentas de concha, se habían establecido en la zona hacía unos diez mil años, y eran entonces una población numerosa e importante, cuyas raíces más profundas se encuentran en el Canal de Santa Bárbara, y que contaba con pueblos tanto en las llamadas islas anglonormandas (Santa Cruz, Santa Rosa y San Miguel, e incluso en la pequeña isla de Anacapa, donde seguramente vivieron de manera estacional debido a su carencia de agua) y en la costa, como tierra adentro, habitando así las regiones litorales centrales y del sur de California, desde la bahía del Morro en el norte hasta Malibú en el sur. Aunque seguramente la mayor densidad de su población se encontraba en la zona costera, desde el cañón de Malibú al sur hasta Punta Concepción. El nombre de chumash les fue dado por los etnógrafos de finales del siglo XIX y proviene de la palabra empleada por los originarios del área de Santa Bárbara para identificar a los habitantes de las islas del Canal. No existía una tribu chumash sino más bien un conjunto de pueblos independientes y pueblos confederados, con aldeas en las que habitaban desde sesenta hasta mil personas. La organización social de los chumash estaba estratificada y las diferentes posiciones se vinculaban al nacimiento; de este modo el cargo de jefe (wot) era hereditario. Contaban con gremios de artesanos muy especializados que elaboraban diferentes utensilios como canastas, cordeles de fibra vegetal, puntas de proyectiles, dinero de cuentas de concha y, especialmente, un tipo de canoa conocida como tomol (también utilizada por los Tongva del área de Los Ángeles, que las llamaban tii´at). Estas canoas, de tablones de madera de secuoya, amarradas o cosidas con cuerdas hechas con fibras naturales, selladas normalmente con alquitrán y resina de pino y pintadas y decoradas con mosaicos de concha, eran con las que navegaban y con las que consiguieron establecer una amplia red comercial. Algunos arqueólogos incluso han llegado a relacionar los tomoles de los chumash con el contacto y el posible intercambio de conocimientos con navegantes polinesios. Sin lugar a dudas los tomoles fueron tanto la máxima expresión de su cultura marítima como un importante símbolo de la identidad de los nativos chumash; de hecho, ellos se llamaban a sí mismos gentes del tomol y a sus canoas casas del mar, e incluso hoy en día los descendientes indígenas chumash han construido tomoles que se pueden ver en diferentes museos de Santa Bárbara. Los tomoles también llamaron enormemente la atención de los hombres de Rodríguez Cabrillo, y por ello al pueblo en el que los vieron por primera vez lo llamaron el pueblo de las Canoas (actual Malibú).

CONTINÚA LA EXPEDICIÓN DE RODRÍGUEZ CABRILLO

Llegaron pues los hombres de Cabrillo a tierras chumash y, tras tomar posesión del lugar, permanecieron ahí hasta el viernes 13 de octubre, cuando siguieron navegando hacia la isla que llamaron de San Lucas (ya en el archipiélago del Norte o islas del Canal de California), viendo durante todo el recorrido indios en canoas y pueblos costeros, así como plantaciones de maíz y vacas, y recibiendo noticias de la existencia de cristianos como ellos en esas tierras. El 18 de octubre llegaron al que llamaron cabo Galera (en la actualidad Punta Concepción), en 36 grados largos. Desde el pueblo de las Canoas hasta el cabo de Galera encontraron unas treinta leguas de costa muy poblada; según los expedicionarios a toda esa zona la llamaban los indios xexo (desde sotavento de Punta Concepción hasta dos Pueblos, en el actual condado de Santa Bárbara), y en ella existían muchas lenguas diversas y muchas guerras de unos con otros. Tras partir de allí dirigieron las naos hacia un buen puerto, desde donde anduvieron con vientos contrarios, barloventeando, sin poder pasar de los 36 grados y medio. Diez leguas al norte del cabo de Galera continuaron los vientos opuestos y los navíos tuvieron que regresar a buscar resguardo al dicho cabo, donde algunos hombres bajaron a tierra a hacer aguada, y entonces llamaron a este abrigo el de Todos los Santos. Desde allí fueron a un pueblo, al que nombraron de las Sardinas por la abundancia de dichos peces (actual Santa Bárbara), y allí estuvieron tomando agua y leña durante varios días con ayuda de los nativos, e incluso una india, señora de esos pueblos, llamados Xocu (que habitaban desde Las Canoas hasta el pueblo de las Sardinas, en el actual condado de Santa Bárbara), fue a las naves y durmió dos noches en la capitana.

El lunes 6 noviembre partieron del pueblo de las Sardinas, de nuevo rumbo a la Galera, donde llegaron el día 11, y todo ese día anduvieron veinte leguas por una costa sin abrigo ninguno y distinguiendo una cordillera de sierra en toda ella, muy alta. No advirtieron poblaciones ni humos, y a las sierras que vieron en 37 grados y medio las llamaron Sierras de San Martín (actual Sierra de Santa Lucía). Fue entonces cuando durante dos días sufrieron un temporal que, además de causarles daños, les hizo perder de vista a la nave compañera. El lunes 13 de noviembre abonanzó el viento y, aunque fueron en busca de la nao desaparecida a la vuelta de la tierra, pensaron que esta estaría perdida y navegaron hacia el norte, siempre cerca de la costa, por si encontraban un buen puerto donde reparar el navío. Pero la mar era fuerte, la costa brava y las sierras muy altas, y no pudieron reconocer una punta que hiciese cabo hasta los 40 grados. Allí, el miércoles día 15, volvieron a ver a su compañera extraviada y dieron gracias a Dios por volver a encontrarse. El jueves amanecieron sobre una ensenada grande y anduvieron barloventeando todo ese día y el día siguiente, pero como no hallaron abrigo ninguno, y no osaron bajar a tierra para tomar posesión de ella por la mucha mar que hacía, echaron el ancla, y a esa ensenada, situada en 39 grados largos, como estaba llena de pinos, la llamaron bahía de los Pinos (actual bahía de Monterrey). El sábado corrieron la costa y se encontraron sobre el cabo San Martín, y a las montañas que se veían desde el dicho cabo, llenas de nieve en sus cumbres, las llamaron las Sierras Nevadas (la zona más al norte de la Sierra de Santa Lucía), y al cabo que está al principio de ellas, en 38 grados y 2 tercios, cabo de Nieve. Desde el cabo de San Martín, que está en 37 grados y medio, hasta los 40 grados no vieron señales de indios. Regresaron a las islas de San Lucas, y fondearon en la que ellos habían llamado Posesión, y que los nativos chumash llamaban Ciquimuymu (actual isla de San Miguel).

Estando invernando en esta isla, el día 3 de enero de 1543 murió Cabrillo, como consecuencia de una herida producida tras una caída que había tenido en la anterior visita a la dicha isla, y por la que se había quebrado un brazo (aunque algunos autores afirman que la herida fue el resultado de una escaramuza con los nativos isleños).[8] Fue entonces cuando cambiaron el nombre de la isla por el de Juan Rodríguez. Antes de morir, Cabrillo había transferido el mando de la expedición a su piloto, Bartolomé Ferrelo, a quien ordenó seguir navegando cuando el tiempo lo permitiera, insistiéndole en que no dejase de descubrir todo lo que fuese posible por esa costa. A finales del mes de enero partieron de nuevo los expedicionarios, ahora bajo el mando de Ferrelo, hacia la isla de San Lucas para recoger algunas anclas que habían dejado allí, y una vez pasados los temporales, ya a mitad de febrero, continuaron su singladura hacia el norte, dirigiéndose de nuevo hacia el puerto de Sardinas y, aunque sufrieron malos tiempos, el 22 de enero ya navegaban en busca del cabo de Pinos (actual Punta Reyes), teniéndolo a la vista en cuatro días. Prosiguieron su travesía sin ver señales de poblaciones a lo largo de la costa y el miércoles 28 de enero, cuando tomaron la altura, pudieron observar que se encontraban en 43 grados (seguramente en algún lugar cercano a la altura del actual Port Orford, en Oregón). Fue entonces cuando:

"hacia la noche refrescó el viento y saltó al su sudoeste, corrieron esa noche al oeste noroeste con mucho trabajo y el jueves en amaneciendo saltó el viento al sudoeste con mucha furia y los mares venían de muchas partes que les fatigaba mucho y pasaban por encima de los navíos, que al no tener puentes si dios no les socorriera no pudieran escapar, y no pudiendo tenerse al reparo de necesidad corrieron en popa al nordeste a la vuelta de tierra y teniéndose allí por perdidos se encomendaron a Nuestra Señora de Guadalupe e hicieron mandas y corrieron así hasta las tres horas después de mediodía con mucho miedo y trabajo porque veían que iban a perderse y veían ya muchas señales de tierra que estaban cerca, así de pájaros como de palos muy frescos que salían de los ríos, aunque con la gran cerrazón no aparecía la tierra, y a esta hora les socorrió la madre de dios con la gracia de su hijo y vino un aguacero de la parte del norte muy recio que les hizo correr toda la noche y el otro día siguiente hasta el sol puesto al sur con los trinquetes bajitos, y porque había mucha mar del sur les embestía cada vez por la proa y pasaba por ellos como por una peña, y saltó el viento al noroeste y al nor noroeste con mucha furia que les hizo correr hasta el sábado 3 de marzo al sueste y al es sueste con tanta mar que los traía desatinados, que si dios y su gloriosa madre milagrosamente no los salvaran no pudieran escapar. El sábado a mediodía abonanzó el tiempo y quedó al noroeste, de lo que dieron muchas gracias a nuestro señor, y de la comida también pasaban fatiga, por no tener sino solo bizcocho y dañado. Les parece que queda un río muy grande del que tuvieron mucha noticia entre 41 grados y 43 porque vieron muchas señales de ello. Este día a la tarde reconocieron el cabo de Pinos, y por la mucha mar que había no pudieron hacer menos de correr la costa de vuelta en busca de puerto. Pasaban mucho frío".[9]

Al amanecer del lunes 5 de marzo ya estaban los expedicionarios de vuelta en la isla de Juan Rodríguez, pero les fue imposible entrar en ella debido al mal tiempo, que también provocó la desaparición del otro navío, y del que creían que estaría en 44 grados cuando les cogió la tormenta. Tres días después partieron para ir hacia tierra firme, en busca de la nao compañera, y llegaron al pueblo de las Canoas, donde tomaron a cuatro indios. También fueron a la isla de San Salvador, pero allí no se encontraron con la otra embarcación, así que continuaron navegando hasta el puerto de San Miguel, donde tampoco la hallaron ni les dieron noticias de ella. En el dicho puerto esperaron durante seis días y tomaron a dos muchachos, "para lenguas para llevar a la Nueva España", y antes de marcharse dejaron ciertas señas por si llegaba el otro navío. El sábado 17 de marzo partieron de San Miguel y el domingo llegaron a la bahía de San Mateo, donde permanecieron un día hasta poner rumbo a la isla de la Posesión, y en sus inmediaciones esperaron dos días sin llegar a entrar en el puerto. El sábado siguiente a medianoche llegaron a la isla de Cedros, y estando en ella fue el lunes, día 26, cuando llegó la nave compañera a la dicha isla. El día 2 de abril partieron los dos navíos de regreso desde la isla de Cedros hasta la Nueva España, ya que no tenían bastimentos para volver a descubrir la costa. Finalmente, el sábado 14 de abril llegaron las dos embarcaciones al puerto de la Navidad.

Así, fue en la segunda etapa del viaje, tras de la muerte de Cabrillo, cuando la expedición consiguió llegar a más altura en su navegación, ya que en 43 grados el navío de Martín Aguilar, a causa de los vientos, subió un poco más hacia el norte, navegando hasta donde les pareció que quedaba un río muy grande. Se encontraron pues los hombres de Bartolomé Ferrelo en el límite norte de lo que hoy es el Estado de California, e incluso pudieron llegar a divisar y alcanzar algún lugar de las costas del actual Estado de Oregón, quizás la bahía de Coos, ya que, según los expedicionarios, debieron subir hasta los 44 grados, pero una vez allí, a falta de refugio costero seguro, con las naves expuestas a los fuertes vientos y a las tormentas, estas tuvieron que ser gobernadas rumbo al sur, hasta la isla de Juan Rodríguez, para regresar después a la Nueva España.

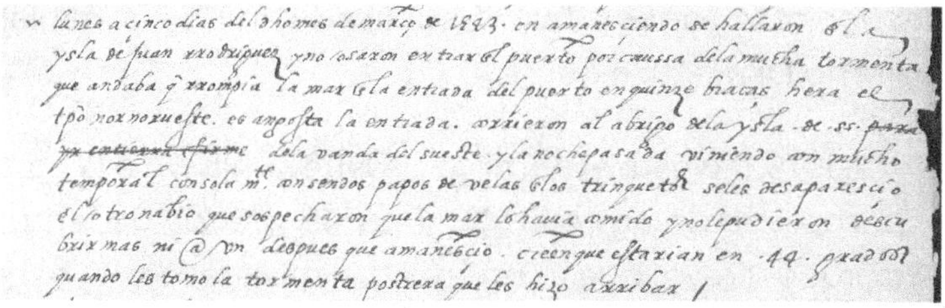

FIGURA 1. *Relación hecha por Juan Páez, sobre el descubrimiento que hizo Juan Rodríguez, navegando por la contra-costa del Mar del Sur al Norte.* Para su viaje salió del puerto de la Navidad el 27 de junio de 1542. Documenta la primera vez que los expedicionarios hispanos navegaron hasta la altura de casi 44 grados, a la desembocadura del río que llamaron, y anotaron después en numerosos mapas, como el de Martín Aguilar (actualmente Coos Bay).[10]

Aunque en la *Relación del Descubrimiento que hizo Juan Rodríguez navegando por la contra-costa del Mar del Sur al Norte*,[11] escrita por Juan Páez, se explica con detalle el viaje realizado por Cabrillo y Ferrelo, la información geográfica que en ella se aportó no se llegó a recoger en la cartografía de la época, o al menos parece que no se ha conservado mapa alguno que la contenga, lo que contribuyó a que no se llegase a valorar como el importantísimo logro que supuso. Como bien señaló el marino y geógrafo José Espinosa y Tello en su *Relación del viaje hecho por las goletas Sutil y Mexicana en el año de 1792 para reconocer el Estrecho de Fuca; con una introducción en que se da noticia de las expediciones ejecutadas anteriormente por los españoles en busca del paso del noroeste de la América*,[12] publicada en 1802, al hablar de la expedición de Cabrillo se hace necesario insistir en que su osadía e intrepidez es digna de admiración, teniendo en cuenta el estado de la náutica en aquella época, la clase de navíos en los que se llevó a cabo la expedición y los tiempos que le acompañaron durante el viaje. Pero, tal y como también apuntó Espinosa y Tello, si en la historia se ha menoscabado el mérito de Cabrillo es sobre todo porque algunos escritores extranjeros como John Knox, en su *New*

Collection of Voyages & Travel, publicado en 1767, al hablar de su paisano Drake dice que:

> "en 1579 dio éste el nombre de Nueva Albión a la costa comprendida entre los 38 y los 48 grados de latitud, porque creyó que ningún otro navegante la había visto, y tratando más adelante del puerto de San Francisco y sus inmediaciones añadió que en este país los españoles jamás habían puesto los pies ni descubierto la tierra en muchos grados al sur de él".[13]

También nos recuerda Espinosa y Tello que otro autor extranjero, Claret Fleurieu, en su obra *Voyage autor du monde pendant les annés 1790, 1791 et 1792 par Etienne Marchand*, publicada en 1799, intentando siempre menoscabar el mérito de los españoles, aunque en un pasaje dice que Cabrillo no fue más adelante de los 44 grados de latitud, en otro asegura que toda la expedición se limitó a avistar un cabo por los 41 grados y medio de latitud, y a nombrarle cabo Mendocino en honor del virrey.[14] No obstante, Espinosa y Tello insiste en que Cabrillo llegó al menos hasta los 43 grados, y recoge en su obra que los navíos de la flotilla de Cabrillo:

> "volvieron, el 22 de febrero, en busca del cabo de Pinos, avistáronle el 25, y con los vientos fuertes del SSO corrieron al ONO: de modo que el 28 estaban en altura de 43°, experimentando vientos tan duros, y mares encontradas que pasaban por encima de los navíos, que no pudiéndose tener al abrigo, corrieron en popa al NE la vuelta de tierra con riesgo y temor de perderse, pues las señales eran de estar la costa próxima, y no podían verla por la mucha cerrazón. Viéronla al fin el 1° de marzo y observaron la latitud en 44°, experimentando un frío intensísimo. Sobrevinieron vientos del N y NO con aguaceros que les

obligaron a correr hasta el 3 de marzo al SE y ES, añadiéndose a la fatiga de los temporales la falta de alimento por no tener otra cosa que bizcocho, y ése averiado. Aquel día abonanzó el tiempo: parecióles que entre 41° y 43° desemboca un río muy grande, de que habían tenido largas noticias, reconocieron el cabo Pinos; y siguiendo la costa amanecieron el día 5 sobre la isla de Juan Rodríguez, cuyo puerto no osaron tomar por la mucha reventazón que a su entrada había, y así corrieron en busca del abrigo de la isla de San Salvador, donde de noche y con el temporal se desapareció el otro navío. Creyéronle perdido, y salieron en su busca el día 8, yendo al pueblo de las Canoas, y sucesivamente a la isla de San Salvador y al puerto de San Miguel, en el qual esperaron seis días, tomando dos muchachos para intérpretes, y dexando señas por si llegase el separado. El 18 entraron en la bahía de San Mateo; el 21 en el Puerto de la Posesión, fuera del qual esperaron dos días; el 24 llegaron a la isla de Cedros, y allí se unió el otro navío, el qual pasó a la isla de Juan Rodríguez por unos baxos, donde creyó perderse. Salieron de esta isla el 2 de abril, y por no tener bastimentos para continuar descubriendo la costa siguieron a la Nueva España, entrando en el puerto de la Navidad el sábado 14 del mismo mes".[15]

Las diferentes relaciones del viaje de Cabrillo y Ferrelo evidencian que dicha expedición habría descubierto la costa situada entre los 38 y los 43 grados treinta y seis años antes de que lo hiciera Francis Drake, y que éste último, al creer que los hispanos no habían llegado tan alto en sus viajes, estaba equivocado. Y es que en 1579 Drake había viajado desde las costas novohispanas de Oaxaca hacia el norte, y tras navegar por las costas de la Alta California hasta el cabo Mendocino tomó posesión del territorio al que llamó New Albion para la Corona británica, ignorando así las anteriores expediciones y los descubrimientos que ya se habían hecho.

En todo caso, al célebre pirata sí se le puede adjudicar el mérito de haber reconocido la costa americana del Pacífico entre los 44 y los 48 grados, pero no la zona inmediatamente anterior, ya que esta habría sido descubierta por expedicionarios hispanos. Así, tal y como concluye Espinosa y Tello al hablar de la expedición de Cabrillo y Ferrelo,

> "desde 1543 en que Cabrillo hizo su viaje hasta 1578 en que lo hizo Drake no hubo algún otro navegante que descubriese hasta los 48 grados, y la verdadera gloria que puede atribuirse al navegante inglés es el haber descubierto el pedazo de costa comprehendido entre los 43 y los 48 grados, al qual debió por consiguiente limitar su denominación de Nueva Albión, sin mezclar en ella los descubrimientos de otros navegantes anteriores".[16]

Notas

1. MECD, AGI, MP-México 6.
2. Rodríguez de Montalvo, Garci. *Las Sergas de Esplandián*, Imprenta de Juan de Juta Florentín, Burgos, 1526.
3. MECD, AGI, Patronato 20, N.5, R.13.
4. Ibídem.
5. Ibídem.
6. Berrendos, como llamó a estos animales fray Junípero de la Serra en *Diario de fray Junípero Serra en su viaje de Loreto a San Diego*, edit. Universidad de Texas, 2002.
7. Howe Bancroft, Hubert. *History of California*, 1542-1800, edit. W. Hebberd, 1963.
8. Anuario de Investigaciones, volumen 2, Centro de Investigacio-

nes en Ciencias y Humanidades, Dr. José Matías Delgado, 2002.

9. MECD, AGI Patronato 20, N.5, R.13.

10. Ibidem.

11. Ibídem.

12. De Espinosa y Tello, Josef; Fernández de Navarrete, Martín; Alcalá-Galiano, Dionisio y Valdés Flores Bazán y Peón, Cayetano. *Relación del viaje hecho por las goletas Sutil y Mexicana en el año de 1792 para reconocer el Estrecho de Fuca, con una intro-ducción en que se dan noticias de las expediciones ejecutadas anteriormente por los españoles en busca del paso del Noroeste de la América*, Imprenta Real, Madrid, 1802.

13. Knox, John. *New Collection of Voyages, Discoveries and Travels*, vol. III, edit. J. Knox, Londres, 1767.

14. Fleurieu, C.P. Claret. *Voyage autour du monde, pendant les annés 1790, 1791 et 1792 par Etienne Marchand*, De l´imprimeire de la République, París, 1799.

15. De Espinosa y Tello, Ob. cit.

16. Ibídem.

2. Segunda mitad del siglo XVI

INICIO DE LA NAVEGACIÓN ENTRE MANILA Y ACAPULCO

Tendrían que pasar algo más de dos décadas, desde la expedición de Cabrillo y Ferrelo, hasta que en 1565 se empezase a navegar la ruta comercial hacia Filipinas, y España quedase como la dueña absoluta del camino hacia Oriente, para que la Monarquía hispánica pensara en habilitar un puerto en la Alta California, desde el que se pudiera abastecer y proteger a los galeones que viajaban a Manila, ya que sus enemigos europeos estaban al acecho, y los piratas Francis Drake y Thomas Cavendish pronto empezarían sus ataques. Además, y de paso, se poblaría parte de la costa de California y se seguirían buscando las míticas islas Rica de Oro y Rica de Plata, así como el estrecho de Anián o Paso del Noroeste, sobre cuya existencia se especuló durante varios siglos, siendo muchos los navegantes que lo buscaron.

Fue tras la expedición de Francis Drake en 1579 cuando la Monarquía hispánica se propuso proteger lo que consideraba su territorio, y a partir de entonces los virreyes novohispanos auspiciaron sucesivos viajes. Así, en 1583-1584 el virrey arzobispo Pedro Moya de Contreras organizó el viaje realizado por el cartógrafo y navegante Francisco Gali, que había llegado hasta Macao y en su viaje de regreso a México había alcanzado los 37 grados sobre las costas de California. Tres años después, en 1587, se llevó a cabo un nuevo viaje, en esta ocasión apoyado por el virrey Álvaro Manrique de Zúñiga, marqués de Villamanrique, encomendado a Pedro de Unamuno, que regresó con su flota de Macao por la misma ruta que Gali y bajó por las costas californianas desde los 37 grados de altura hasta la bahía que llamó de San Lucas (probablemente la actual bahía de Santa Cruz o del Morro), de la que incluso tomó posesión, pero la hostilidad de los nativos chumash le hicieron regresar al barco, para después navegar desde allí al puerto de Acapulco.

Ahora sí parecía que la Corona y sus representantes novohispanos estaban realmente interesados en la protección de sus territorios del norte, así como en la realización de nuevas expediciones y en la defensa de la costa de California, y es que en 1587 Cavendish había capturado una de las naos de China, el galeón Santa Ana, en el extremo sur de California, cerca de la bahía de cabo San Lucas. Pero fue entonces, en 1588, cuando se produjo la derrota de la Armada española a manos de los ingleses, y una de las consecuencias, entre las muchas que el fracaso de dicha Armada y la nueva situación provocaron, fue un cambio en la estrategia política de la Monarquía hispánica en relación con las expediciones marítimas. Así, entre las órdenes reales restrictivas figuró la de suspender los viajes de demarcación de las costas de las Californias, limitándose estos exclusivamente a los del Mar de California para la explotación perlífera. A partir de entonces la brillante y creciente actividad de exploración científica llevada a cabo por los marinos hispanos pasó a tener unas connotaciones y un carácter mucho más económico, y dentro de esos nuevos intereses se situaría el siguiente viaje, el que en 1596 realizó Sebastián Vizcaíno.

SEBASTIÁN VIZCAÍNO Y LAS EXPEDICIONES COMERCIALES A LAS COSTAS DE CALIFORNIA

Procedía Vizcaíno de una destacada familia castellana, y desde muy joven ya sirvió a la Monarquía hispánica, participando en 1577 en la Campaña de Portugal con sus propias armas y caballos. Fue en 1583 cuando viajó a la Nueva España (aunque su asiento de pasajero aún no ha sido localizado en los archivos españoles), para tres años después embarcarse desde Acapulco a Filipinas, donde permanecería sirviendo al rey hasta 1589. A su regreso a la Nueva España se convirtió en un próspero negociante y comerciante, lo que le permitió empezar a pensar en empresas de exploración por el Mar del Sur. También en esos años fue cuando contrajo matrimonio con Magdalena Orejón, con quien tendría dos hijos, Juan y Lorenzo, y una hija, Ana. Años después un nieto suyo, Nicolás, el hijo de Ana, reclamaría los derechos de población, pacificación y evangelización de las Californias, basándose en los servicios y méritos de su abuelo, y también en los apoyos que, para poder seguir realizando estos viajes, prestó su padre en 1628.

Realizó Sebastián Vizcaíno dos viajes a las costas de la Baja y la Alta California dentro de esta etapa de exploraciones determinadas por su carácter mercantil, es decir, menos científicas y más comerciales que las primeras exploraciones. Su primer viaje o jornada a California se llevó a cabo bajo el mandato del virrey de la Nueva España Gaspar de Zúñiga y Acevedo, conde de Monterrey, obedeciendo a las indicaciones de Felipe II que respondían al *Asiento y Capitulación del Negocio de las Californias*, relacionado este con el lucrativo negocio de las pesquerías de perlas en las costas septentrionales del Mar del Sur. Para ello ya se había celebrado el *Asiento y Capitulaciones para la Jornada de las Californias*,[1] iniciado en 1593, donde se establecía que las expediciones comenzarían tres años más tarde y tendrían una validez de veinte años. Este primer viaje a las Californias se planteó, en un principio, como una empresa con un triple carácter: de exploración, comercial y poblacional. La expedición está narrada en una Relación escrita por el propio Vizcaíno,[2] en la que se cuenta todo lo sucedido desde que salieron del puerto de Acapulco, con dos navíos, el San Francisco y el San José, y una lancha, la Tres Reyes, y entre cuatrocientas y quinientas personas, tanto hombres casados con sus mujeres, como gente de mar y guerra, hasta que llegaron a la latitud norte de 29 grados, desde donde tuvieron que regresar debido a los problemas que sufrieron en la navegación y al temor ante la proximidad del invierno. En dicha Relación se describen las dificultades a las que se enfrentaron todos aquellos que acompañaron a Vizcaíno, los parajes que reconocieron (Salagua, el Cabo Corrientes, las islas de San Juan de Mazatlán, Culiacán, Sinaloa y la boca de las Californias), la existencia de recursos perlíferos, los encuentros con los naturales en la bahía de la Santa Cruz (que ahora nombraron de La Paz), la toma de posesión de los territorios, la denominación general de la provincia como la Nueva Andalucía, los lugares en los que los expedicionarios permanecieron y los nombres que les dieron a éstos: la bahía de San Felipe (al sur de la bahía de La Paz) y las islas de San Francisco (actual isla Partida) y la de San Sebastián (del Espíritu Santo).

Tanto la Relación de este primer viaje, como las cartas que Vizcaíno cruzó durante los siguientes años con los oficiales reales, mantuvieron el interés de la Corona en cuanto a la presencia hispana en las Californias. Por supuesto, Vizcaíno no dejó de aprovechar también la ocasión en esta correspon-

dencia para solicitar el poder continuar sus descubrimientos,
y de paso pedir mercedes para él y para sus hijos.

Notas

1. MECD, AGI, Patronato 30, R.1.
2. MECD, AGI, Indiferente 745, N.125 y Patronato 20, N.5, R.17.

El siglo XVII: La navegación hasta los 42 grados y la presencia hispana en altura de 45 grados debido a la fatalidad de un naufragio

3. Primera mitad del siglo XVII

SEGUNDA EXPEDICIÓN DE SEBASTIÁN VIZCAÍNO

El segundo viaje de Sebastián Vizcaíno ya tuvo otro carácter, y volvió a ser de exploración geográfica de las costas y no de índole mercantil o comercial. Este cambio, como ya hemos visto, se debió a la creciente amenaza tanto de los ingleses como de otras naciones europeas, que no solo trataban de encontrar una ruta de navegación hacia oriente, sino que pretendían disputar la hegemonía marítima hispana en el Pacífico. Así que ahora las instrucciones reales serían otras, y esta expedición contaría con expertos militares, navegantes y cosmógrafos, como Gerónimo Martín Palacios. Las disposiciones fueron claras y el objetivo principal del viaje sería "el descubrimiento y demarcación de los puertos, bahías y ensenadas que hay desde el cabo San Lucas, que está en 22 grados y un quarto, hasta el cabo Mendocino, que está en 42 grados".[1] Además, también se establecía en dichas órdenes que los expedicionarios no entrarían en ningún puerto tierra adentro en busca de indios, ni a saber si los había, ya que este no era el objetivo principal del viaje. Esta aventura exploratoria dio lugar a una ingente documentación, entre la que se encuentra no solo la procedente de la instrucción dada a Vizcaíno en 1602, sino también tanto la que provenía de las actas de las Juntas celebradas por los capitanes, pilotos y cosmógrafo durante toda esta segunda navegación de Sebastián Vizcaíno,[2] como una completa y otra breve Relación descriptiva de Fray Antonio de la Ascensión, junto con sus pareceres respecto a todo lo sucedido durante la expedición.[3]

Según la *Relación del viaje y derrotero de las naos que fueron al descubrimiento del puerto de Acapulco a cargo del general Sebastián Bizcaíno*,[4] fechada en México en 1602, salieron las naos de Vizcaíno del puerto de Acapulco el 5 de mayo de 1602 con la orden de llegar hasta el cabo Mendocino. La expedición estaba formada por la nao capitana San Diego, la nave almiranta Santo Tomás, la fragata Tres Reyes y un barcolongo. El día 19 de mayo se encontraban todas las naos en el puerto de la Navidad y al día siguiente se hicieron a la vela rumbo a las islas de Mazatlán, a las que llegaron el 2 de junio. Divisaron la punta de California el día 9 de junio y dos días después fondearon en una bahía a la que llamaron San Bernabé (actual San José del Cabo, en el extremo sur de la península de Baja California), donde saltaron a tierra y tuvieron un encuentro con los nativos pericúes, con los que intercambiaron ciertos regalos. Allí permanecieron los expedicionarios hasta el 5 de julio, intentando durante esos días, hasta en cinco ocasiones, continuar la navegación sin éxito, debido a los vientos contrarios.

LOS GUAYCURA, LOS YUMANOS Y LOS PA IPAI

Pusieron entonces rumbo al cabo San Lucas, y aunque al día siguiente se apartó de la expedición la fragata Tres Reyes, el resto de los navíos continuaron navegando "hasta entrar en una bahía muy grande a la qual se le puso por nombre bahía de la Magdalena",[5] por ser ese el día en el que llegaron hasta allí, y quizás también como homenaje a su mujer, llamada Magdalena, desde donde saltaron a tierra y celebraron una misa. Permanecieron allí los expedicionarios unos días, durante los cuales contactaron con los nativos y recibieron la noticia de la llegada de la fragata Tres Reyes. Los nativos con los que allí trataron eran los guaycura, vecinos de los pericúes, quienes ya habían tenido un contacto esporádico con la expedición de Vizcaíno de 1596, que incluso cambió el nombre donde tuvo lugar ese encuentro de Bahía de la Cruz por el de Bahía de la Paz, ya que allí los indios les habían recibido de manera amistosa.

Desde allí siguieron navegando los hombres de Vizcaíno hacia el norte, reconociendo y descubriendo bahías, islas y ensenadas a las que iban poniendo nombres, como la bahía de Santa Marta, la isleta de la Asunción, la isla de San Roque y el puerto de San Bartolomé. De este último puerto partieron el 23 de agosto en seguimiento de su viaje hasta la isla de Cedros/Serros, desde donde izaron velas el 9 de septiembre para continuar la navegación hasta la isla que llamaron de San Gerónimo y después a la bahía de San Francisco, donde volvieron a tener contacto con grupos nativos yumanos, con quienes al parecer se lograron entender por señas, al igual que con los que habitaban en la ensenada que llamaron de las Once Mil Vírgenes (actual bahía de San Quintín y anterior puerto de la Posesión), posiblemente pa ipai, quienes les contaron por señas "que en la tierra adentro había muchos indios y que a ellos les flechaban y que fuésemos con ellos. Traían unas tilmas al modo mexicano de pellejos de animales con un nudo sobre el hombro derecho, cacles e hilo de algodón".[6] Desde allí siguieron los expedicionarios su navegación hasta la isla que llamaron de San Marcos, en altura de 32 grados escasos, y nueve leguas a sotavento tuvieron que arribar para conseguir agua en una ensenada donde volvieron a tener contacto con nativos yumanos, aunque en esta ocasión no fue un encuentro amigable ya que estos les recibieron con flechas y piedras. Así, tal y como se narra en uno de los Diarios del viaje:

> "y aunque por nuestra parte se les dio a entender el no irles a hacerles mal sino a tomar agua, y dándoles bizcocho y otras cosas los dichos indios no hacían caso de lo que se les daba sino que quisieron estorbar el hacer el agua y quitarnos los botijos y barriles, de que obligaron a que se les disparasen tres arcabuces de que con el ruido de la pólvora y que alguna lagrimilla alcanzó a algunos en las obras muertas (de los navíos) dieron a huir con gran griterío, y al cabo de dos horas volvieron mucha cantidad de indios juntándose de diferentes rancherías haciendo entre ellos Juntas al parecer de lo que querían hacer y así de mano armada vinieron hacia nosotros. Pareciéndoles ser poco con sus hijos y mujeres y arcos y flechas saliólos a recibir el dicho alférez Pascual de Alarcón diciéndoles por señas que se sosegasen y que fuesen amigos, de que los dichos indios dijeron que sí con que no se disparasen más los arcabuces, que los miraban mucho, dieron en rehén a una perra y con esto los dichos indios se fueron muy contentos a sus rancherías y nosotros hicimos nuestra aguada".[7]

ENCUENTROS COSTEROS CON ANTIGUOS HABITANTES DE CALIFORNIA

A esta bahía le pusieron los expedicionarios el nombre de San Simón y Judas, y desde allí siguieron navegando hasta una ensenada que llamaron isla de Todos los Santos, para después descubrir otras islas en altura de 32 grados, a las que llamaron de San Martín, y una bahía muy grande, ya en altura de 33 grados y medio, a la que llamaron San Diego, donde volvieron a bajar a tierra y se encontraron de nuevo con nativos con los que, tras un pequeño desencuentro, acabaron entendiéndose por señas. Habían acampado los exploradores cerca de una aldea indígena kumiai (o kumeyaay) llamada Nipaguay, donde celebraron una misa en honor de San Diego de Alcalá. Unas tres leguas más al norte volvieron a ver naturales, y aunque estos no se acercaron sí que lo hizo una india anciana, a la que el general recibió de buen grado, dándole algunas cuentas y de comer, permitiéndoles los nativos por ello visitar sus rancherías y conocer sus usos. Del puerto de San Diego los expedicionarios viajaron hasta la isla de Santa Catalina, en 34 grados y medio, donde salieron a recibirles muchos nativos chumash en canoas, y por señas les pidieron que fuesen hasta la playa, donde intercambiaron algunos regalos por comida y celebraron una misa a la que acudieron más de ciento cincuenta indios e indias "no poco maravillados de ver el altar y la imagen de nuestro señor Jesucristo";[8] también fueron seis indias de 8 a 10 años hasta los navíos, y allí las vistieron con camisas y enaguas y con collares de gargantilla. La marinería intercambió otros regalos con el resto de los nativos, y les llamó la atención que estos tuviesen perros como los de Castilla. Hubo esa noche un eclipse de luna y al día siguiente los expedicionarios partieron; siguiendo las indicaciones de los indios, navegaron un poco más hacia el norte hasta llegar a un buen puerto donde les volvieron a recibir otros indios en canoas, con los que también intercambiaron regalos, visitaron su ranchería e incluso oficiaron una misa en la que estos participaron. Llamó mucho la atención del general el hecho de que una india le sacase dos pedazos de damascos de China de piezas, y ante su sorpresa los nativos le informaron que estos procedían de una gente como ellos, "que traían negros y que viniendo en un navío con mucho viento había dado a la costa y se había quebrado, y que era más adelante".[9] Quisieron los indios mostrar al general el lugar del naufragio, pero los vientos contrarios impidieron que su navío llegase hasta allí, y Vizcaíno tuvo que seguir navegando hasta llegar a una zona de muchas islas, islotes y bajos. No consiguió el general llegar hasta el punto que le indicaban los indios, pero sí logró acercarse un poco más hasta el lugar del naufragio un alférez de la expedición, que posteriormente comunicó a Vizcaíno que:

> "en ella había muchos indios y que por señas le habían dicho que había en ella gente barbuda y vestida como nosotros y entendiendo ser españoles les envió un billete y a él vinieron en una como ocho indios barbudos y vestidos de pieles de animales y no pudieron saber más".[10]

LOS OHLONE Y EL DESCUBRIMIENTO DE LA BAHÍA DE MONTERREY

El 1 de diciembre salieron los expedicionarios de la isla de Santa Catalina y puerto de San Andrés, con muchos enfermos a bordo y muy pocas medicinas, mientras crecía el frío y se acentuaba el invierno. Por el camino volvieron a encontrarse en varias ocasiones con nativos pescadores en canoas, en una de ellas viajaban "cuatro bogando y un viejo en medio cantando a manera de mitote de los indios de la Nueva España y los demás respondiéndoles",[11] y observaron la costa y la tierra muy poblada hasta que, ya en altura de 37 grados, avistaron una ensenada y buen puerto, al que llamaron de Monterrey. Allí tomaron tierra, celebraron la que sería la primera misa en el norte de California y volvieron a establecer contacto con los nativos, en este caso con los rumsen, a los que los hispanos llamaron costanos, un grupo perteneciente a los ohlone que habitaban desde hacía miles de años el área a lo largo de la costa desde la bahía de San Francisco hasta el sur de la bahía de Monterrey (lugar al que ellos llamaban Acasta o Hunnnukul) y el valle de Salinas.

Estos pueblos vivían en las terrazas, colinas y llanuras aluviales de la bahía y seguramente, tal y como afirman algunos investigadores, debió haber tantas culturas ohlone como cuencas fluviales existían en dicho territorio. Las aldeas interactuaban entre ellas mediante el comercio, los matrimonios, las ceremonias y los ocasionales conflictos. Lingüísticamente estaban, y aún están, emparentado con los Miwok e incluidos en el grupo uti de las lenguas penutíes o penutias. Eran cazadores, pescadores y recolectores que, aunque habitaban poblados de chozas, se movían temporalmente para recoger alimentos de temporada que, junto con los pescados, moluscos y cangrejos que obtenían de los ríos y las aguas costeras, así como las aves acuáticas que a lo largo del año hacían la ruta de vuelo del Pacífico, constituían su alimentación. Al depender su subsistencia, en gran medida, del medio marino, fabricaban pequeñas embarcaciones con juncos con las que se adentraban en el océano para buscar nutrias, leones marinos y ballenas, pero al tratarse de pueblos semi nómadas, estas barcas seguramente estaban pensadas para durar una sola temporada de pesca.

ARRIBO AL CABO MENDOCINO

En aquel puerto decidieron los hombres de Vizcaíno que, debido a la falta de marineros, por las enfermedades, y también de bastimentos, la almiranta regresaría a la Nueva España y la fragata y la capitana continuarían navegando hasta el cabo Mendocino. El día 29 de diciembre despacharon a la nao almiranta de regreso al puerto de Acapulco, bien abastecida de leña y agua y con la mayoría de la marinería enferma a bordo, entre ellos el cosmógrafo y el escribano, mientras que los otros dos navíos continuaron su navegación hacia el norte. El frío era tan grande que, al amanecer del día de año nuevo, los expedicionarios vieron todas las sierras nevadas y el agua de las botijas congelada. No obstante, continuaron su navegación y llegaron al paraje de la ensenada donde en 1595 se había perdido el navío San Agustín, cuando volvía de las islas de Poniente haciendo el descubrimiento de las costas de la Mar del Sur, es decir, navegando desde Manila hasta Acapulco, bajo el mando de Sebastián Rodríguez Cermeño;[12] y aunque reconocieron el lugar, no pudieron parar por los vientos contrarios que sufrían, vientos que también provocaron la desaparición de la fragata. No fue hasta el día 12 de enero cuando consiguieron llegar al cabo Mendocino, entonces la luna nueva entró con mucha furia de viento sur, agua y neblina, lo que dificultaba enormemente la navegación. Además, una vez superado el cabo, el frío era mucho y las aguas y el invierno iban creciendo de golpe, por lo que decidieron emprender el regreso hacia el cabo de San Lucas. Al día siguiente abonanzó, salió el sol y los pilotos lo pudieron tomar, estaban en 41 grados; entonces otra vez saltaron los fuertes vientos y la tormenta duró hasta el día 20, cuando se encontraron en 42 grados,

"porque las corrientes y mareas nos llevaban a más andar al estrecho de Anián, vimos ese día la tierra firme así del dicho cabo como de más delante de grandes arboledas de pinares, mucha nieve que cubría los cerros que parecían volcanes, llegaba la nieve hasta junto al mar y al veintiuno del dicho mes nos envió Dios un poco de viento noroeste, que tan inoportuno nos había sido para la ida, deseoso para la vuelta",[13]

y bautizaron una punta que avistaron con el nombre de San Sebastián (seguramente el actual Monte Shasta). Desde allí regresaron al puerto de Monterrey, para navegar después rumbo a Acapulco, donde llegaron finalmente el día 21 de marzo, con gran parte de la tripulación ya fallecida a causa de las penurias y las enfermedades sufridas.

Según la Relación hecha por fray Antonio de la Ascensión, en ocho días sólo pudieron subir un grado más de altura, que era el 43, vieron una punta que llamaron San Esteban y junto a ella un río, al que llamaron Santa Inés, y pensaron que allí estaba el fin del reino y tierra firme de California, y el principio y entrada para el estrecho de Anián. También recogió fray Antonio en su Relación que desde lo que él creía que era el Estrecho de Anián (que es la parte sur del actual Estado de Oregón) hasta la ciudad de Guadalajara en el reino de la Nueva Galicia, pertenecía todo al reino de la Nueva España, y que debía ser en la bahía de San Bernabé donde el Rey debía mandar que se hiciera la primera población de españoles, para pacificar aquel reino y predicar el Evangelio.

Además del religioso, también los capitanes y pilotos describieron y narraron todo lo sucedido en este viaje, y mediante el trabajo del cosmógrafo Martín Palacios se establecieron ubicaciones que después fueron reproducidas por el científico Enrico Martínez en mapas que son considerados como los más exactos y de mayor rigor científico de la época.[14] Son algo más de 30 mapas, y en ellos aparecen los puertos, ensenadas, islas, puntas, bahías, cabos, etcétera, que los expedicionarios fueron descubriendo. Este aspecto es muy importante porque, tal y como nos recuerda la doctora María Luisa Rodríguez-Sala en su trabajo de investigación titulado

Sebastián Vizcaíno y Fray Antonio de la Ascensión, una nueva etapa en el reconocimiento de las Californias novohispanas,[15] representa, sin duda alguna, uno de los iniciales aportes a la identidad regional, ya que los signos cartográficos forman parte de los elementos simbólicos materiales de la identidad.

No obstante, como el cosmógrafo de la expedición viajaba a bordo de la nao capitana, no llegó este a conocer la costa del actual Estado de Oregón, y los detallados mapas que después elaboró Enrico Martínez abarcaron sólo hasta el cabo Mendocino, donde señaló que esa costa guiaba hasta cabo Blanco. Solo los que viajaban a bordo de la fragata Tres Reyes pudieron observar la costa del actual Estado de Oregón, ya que ellos sí navegaron un poco más al norte que el resto de los navíos de la expedición de Vizcaíno. Así, esta fragata, tras pasar el cabo Mendocino, fue navegando por la costa sur del actual Estado de Oregón hasta la desembocadura de un río en altura de algo más de 42 grados. Todavía no se ha conseguido identificar claramente este río, al que en un primer momento llamaron de Santa Inés para pasar después a denominarse como el de Martín Aguilar.

El cabo que entonces describieron los expedicionarios podría corresponderse con el Cabo Blanco, en 42° 50.2´N (llamado posteriormente por Vancouver Cape Orford, en honor a su amigo el Conde de Orford), pero el río del que hablaban aún no ha podido ser reconocido. Son cuatro los ríos que desembocan al océano cerca de Cabo Blanco, al norte el Coquille y el Sixes, y al sur el Elk y el Rogue. El Sixes y el Elk son más bien arroyos, por lo que su candidatura parece bastante improbable. Por su parte el Coquille y el Rogue son de un tamaño moderado, lo que hace que se acerquen más a la descripción que hicieron los hombres de Vizcaíno, especialmente a mediados de invierno y tras las tormentas que suelen dejar fuertes precipitaciones en la zona, pero su cercanía a Cabo Blanco es relativa, ya que están mucho más cerca del paralelo 43, por lo que han sido descartados por algunos investigadores. También existe la posibilidad de que los expedicionarios se encontrasen ante el lago Flores, localizado a unas millas al norte de Cabo Blanco, y que confundiesen dicho lago con un río, o que se tratase del río Smith o incluso del Chetko, junto al actual pueblo de Brookings, en la bahía de Coos.

Por último, algunos investigadores, basándose en la imprecisión de las observaciones de la latitud realizadas durante los siglos XVI y XVII, apuntan a un emplazamiento más cercano al paralelo 41, que bien podría ser el río Mad o la bahía de Humboldt. Y es que a la hora de intentar localizar el lugar, además de tener en cuenta una posible inexactitud, debida a las mediciones realizadas en la época, también hemos de considerar que en la Relación que hizo el contramaestre de la fragata se dice que incluso se pudo subir un poco más, hasta Cabo Blanco, que está en altura de 43 grados, y que después:

> "de allí la costa corría al Nordeste y que era tanto el frío que pensaron quedarse helados y se vieron en grande peligro de perderse, y que murió el alférez Martín de Aguilar cabo de ella y el piloto Antón Flores, y el dicho contramaestre se volvió en busca de la capitana y en altura de 39 grados y un cuarto descubrió un río caudaloso y una isla a la boca del puerto, muy bueno y seguro, y otra gran bahía en altura de 40 grados y medio, en que en ella estaba otro río muy grande y salieron a ellos mucha cantidad de indios en canoas, con los que no consiguieron entenderse",[16]

y volvieron costeando hasta Monterrey y de allí, pasando por la isla de Santa Catalina y el puerto de Santiago, hasta el puerto de la Navidad donde llegaron finalmente el 26 de febrero.

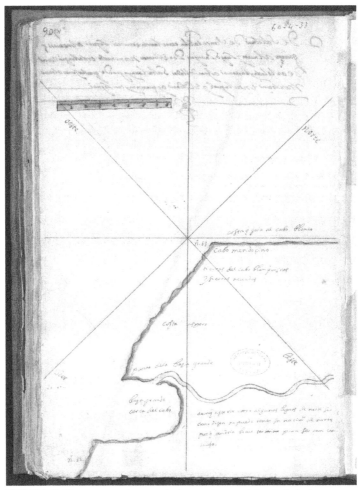

FIGURA 2. *Demarcaciones de la costa occidental de la Nueva España desde el puerto de la Navidad hasta el cabo Mendocino, trazadas por Enrico Martínez, a partir de la exploración de la costa y puertos de la Mar del Sur hecha por Sebastián Vizcaíno en 1602.* Primera vez que se indica en un mapa la costa que, desde el Cabo Mendocino, llegaba hasta el futuro Territorio de Oregón.[17]

INICIOS DE LA PRESENCIA HISPANA EN OREGÓN

Si la zona costera del sur de Oregón que alcanzó la fragata Tres Reyes durante este viaje de exploración fue el área de Cabo Blanco o Port Orford, los nativos que los hombres de la tripulación de Vizcaíno que viajaban a bordo del navío pudieron observar pertenecerían seguramente al grupo de los athabascan. Se trataba este de un grupo indígena lingüístico que era, y es en la actualidad, el de las lenguas athabascanas o athapascanas, aunque el término general athabascan, dado por el etnólogo Albert Gallatin en la clasificación que hizo en 1836 sobre las lenguas norteamericanas, y que procede de una palabra de la lengua algonquina que designaba al lago Athabasca (en Canadá), persiste aún en la lingüística y en la antropología. En el año 2012 la Conferencia anual de las lenguas de athabascan cambió su nombre a la Conferencia de idiomas de Dené. Así la lengua athabascana forma parte de la familia Na-dené, uno de los mayores grupos lingüísticos de América del Norte, solo superado por la familia uto-azteca que se extiende por México. Aunque en el Estado de Oregón existieron varios grupos lingüísticos, los habitantes de los territorios de la costa sur eran los athabascan, gentes con acceso a abundantes recursos naturales, tanto marinos como terrestres, cuyos territorios se extendían desde el norte de Port Orford hasta el estuario del río Klamath (en California, donde habitaban los tolowa). De este modo, fueron muchos los pueblos y tribus que conformaron la cultura athabascana, constituyendo una mezcla de varias culturas de América. Territorialmente existe una división que se conoce como meridional, formada por los navajos, los apaches y los kiowa, y otra septentrional, con tres grupos, el oriental, al este de las Montañas Rocosas y a lo largo del

Bajo Mackenzie; el noroccidental, en el interior de Alaska y del Yukón, y el grupo del Pacífico, a lo largo de la costa de Washington y el Norte de California. En el grupo del Pacífico se encontraban los umpqua, kwalhioqua, taltushtuntude, coquille, tututunne, chascacosta, chetco, hupa, tolowa, hoil-kut, tlelding, sinkyone, mattole, kuneste y lassik.

PROBABLE RUTA DE LA EXPEDICIÓN DE MARTÍN DE AGUILAR

Según las diferentes Relaciones de la época, la nave en la que viajaba Martín de Aguilar alcanzó un lugar situado entre el norte de California y el sur de Oregón, pudiendo ser alguno de los siguientes puntos geográficos:

Río Coquille, llamado Ko-kwel (desemboca en 43°07´25´´N), y que realmente es un arroyo cuya cuenca hidrográfica se encuentra entre la del río Coos al norte y el río Rogue al sur. Allí habitaban los indios coos, de la actual Confederación de indios coos, lower umpqua y siuslaw.

Río Rogue, llamado Yan-Shuu-chit'taa-ghii~-li~' en la lengua tolowa (desemboca en 42°25´21´´N), es el lugar donde habi-taban los indios rogue, de la actual Confederación de Tribus de Siletz.

Río Chetco, llamado chit taa-ghii~-li~ (desemboca en 42°02´43´´N), realmente se trata de un gran arroyo ubicado en la parte suroeste de Oregón, cuya cuenca está protegida por el río Rogue. El nombre de los chetco, chit-dee-ne, pro-viene de la palabra cheti que significa los que viven cerca de la desembocadura o cerca de la boca de la corriente en el idioma athabascano. En la actualidad son una de las 27 tribus aglutinadas en Confederación de Tribus de Siletz (todas las que ocupaban las tierras cercanas al océano Pacífico entre el sur de Washington y el norte de California).

Río Smith (41°56´10´´N), en la frontera entre California y Oregón, sus habitantes eran los tolowa, Taa-laa-wa Dee-ni´, una tribu perteneciente también a la familia lingüística na-dené ubicada en la costa, que en la actualidad es una nación reconocida federalmente.

Bahía de Humboldt (40°44´43´´N) y río Mad (40°56´31´´N), en la costa de California. Los wiyot, en chetco-tolowa wee-át y en yurok weyet, fueron los únicos habitantes alrededor de esta bahía y de su área circundante durante miles de años. Eran una tribu perteneciente al grupo de las lenguas algonquinas o algonkinas, que estaba relacionada con los yurok, y dividida en los grupos batawat, wiki y wiyot.

TOPONIMIA TRAS LOS DESCUBRIMIENTOS DE SEBASTIÁN VIZCAÍNO

Fue tras esta expedición cuando Sebastián Vizcaíno modificó la toponimia de ciertos lugares, anotados por Rodríguez Cabrillo medio siglo antes. Tal y como recoge el explorador e historiador Carlos Lazcano Sahagún, en su estudio sobre *Cómo la California estadounidense llegó a adquirir su nombre*,[18] durante estas expediciones sí se asignaron nombres a accidentes geográficos como bahías, puntas, cabos, islas, etcétera, pero no se le dio un nombre específico a toda esa gran región. Esto no sólo se confirma ya en el título de la Relación de Páez, que como hemos comentado llama a la península con el nombre de California y a la zona por la que navegó contra-costa del Mar del Sur o costas septentrionales del Mar del Sur, sino también en que en los numerosos mapas derivados de la posterior navegación llevada a cabo por Vizcaíno se denomina a la zona costa occidental de la Nueva España y también costa y puertos de la Mar del Sur, y se recoge que más al norte de la latitud que consiguieron alcanzar se encuentra la costa que guía al cabo Blanco, pero más allá de ella la tierra no tiene ningún nombre genérico.

Los informes presentados tras este segundo viaje de Vizcaíno fueron tan atractivos que tanto el virrey de la Nueva España, el conde de Monterrey, como la propia Corona parecían estar dispuestos a comenzar la colonización de la costa oeste del norte del continente americano, pero el representante novohispano del Imperio murió y su sucesor, el virrey Juan de Mendoza y Luna, marqués de Montesclaros, suspendió el proyecto. Fue entonces cuando todo el interés de las autoridades hispanas se centró en el establecimiento de relaciones comerciales permanentes entre Filipinas y Japón y, aunque a lo largo del siglo XVII se sucedieron los viajes de exploración en las costas de California, ya no se continuó navegando más hacia el norte; y no sería hasta la segunda mitad del siglo XVIII cuando se volvería a despertar el interés por colonizar las tierras noroccidentales del continente americano, ahora con la clara idea de frenar la presencia de los comerciantes de pieles ingleses y rusos en esa zona.

Notas

1. MECD, AGI, Guadalajara 133.
2. MECD, AGI, México 372 y AGI, MP-México 53.
3. Zdenec, J.W. *Fray Antonio de la Ascensión, cronista olvidado de California*, en Bulletin Hispanique, tomo 72, número 3-4, 1970.

4. MECD, AGI, C_11154, folios 0300 a 0392.

5. Ibídem.

6. Ibídem.

7. Ibídem.

8. Ibídem.

9. Ibídem.

10. Ibídem.

11. Ibídem.

12. MECD, AGI México 23, N.50.

13. MECD, AGI, C_11154, folios 0300 a 0392.

14. MECD, AGI, Mapas y Planos-México 53 y Libros-Manuscritos 40.

15. Revista Estudios Fronterizos, número 35-36, 1995.

16. MECD, AGI, México 372.

17. MECD, AGI, Mapas y Planos-México 53 y Libros-Manuscritos 40.

18. Revista Dvacáté Století, número 1, 2016.

4. Segunda mitad del siglo XVII

EL ORÍGEN DE MANZANITA

Parece que los navegantes hispanos volvieron a tener cierto contacto con la costa del actual Estado de Oregón, pero en esta ocasión no se debió a ninguna expedición de exploración o descubrimiento ordenada por las autoridades novohispanas, sino a la fatalidad de un naufragio ocurrido en algún momento entre finales del siglo XVII y principios del XVIII, tal y como demuestran ciertos hallazgos descubiertos cerca de la desembocadura del río Nehalem. Según el experto en naufragios Robert F. Marx, en su obra *Shipwrecks in the Americas*,[1] a lo largo de la playa se recuperaron fragmentos de madera, trozos de cerámica china y grandes cantidades de cera de abeja. Una de esas piezas de cera tenía grabada la fecha de 1679 y otras tenían marcas que indicaban su origen español, por lo que los restos debían pertenecer a alguno de los galeones de Manila desaparecidos durante el viaje de regreso a Acapulco.

Dos son los navíos candidatos a haber protagonizado dicho naufragio: el galeón llamado Santo Cristo de Burgos, perdido en 1693, y el galeón nombrado San Francisco Xavier, desaparecido en 1705. El primero de ellos había zarpado desde Filipinas hacia la Nueva España a finales de 1692, pero cuando llegó a montar las islas Marianas, el 7 de noviembre, se desarboló del palo mayor, trinquete y mesana, por lo que al quedarse sin vergas, masteleros, palos y jarcias hubo de regresar de arribada a las Filipinas, para volver a salir rumbo a la Nueva España el año siguiente. Zarpó de nuevo a primeros de julio desde el puerto de Naga, bajo el mando del general Íñiguez del Bayo, con destino a Acapulco, pero nunca llegó al puerto novohispano. De la fatal pérdida avisaron las autoridades hispanas de Filipinas ya en 1695, y contaron que:

> "sin embargo de haber ido con tiempos favorables experimentó el fatal suceso de no haber llegado al puerto de Acapulco ni a otro de los Reinos de la Nueva España ni demás dominios de V.M., de donde se pueda tener noticia de su paradero, siendo la más cierta el que se habrá perdido, pues de otra suerte no dexara de saberse ya de este navío, mayormente haciendo dos años que salió de estas islas y siendo el tiempo regular de su navegación de seis a ocho meses quanto más".[2]

El arqueólogo Scott S. Williams apuntó durante sus investigaciones[3] que dicho galeón se hundió cerca de Manzanita, un pequeño pueblo costero de Oregón, que en la actualidad aún conserva su nombre español, ubicado en el Condado de Tillamook. Parece ser que viajaban doscientas treinta y una personas en el navío, de las que quizás muchas sobrevivieron, y que, según los registros de pasajeros llevados a cabo en Filipinas, aproximadamente ciento setenta de los hombres a bordo eran españoles, incluidos nobles, militares y clérigos, así como marineros comunes, y alrededor de sesenta y cuatro miembros de la tripulación eran hispano-filipinos, chinos, malasios y posiblemente japoneses y africanos.

El segundo candidato, el galeón San Francisco Xavier, desapareció en 1705, después de haber partido desde Cavite hacia Acapulco. El ilustre marino e historiador Cesáreo Fernández Duró, en el volumen VI de su obra *Armada Española desde la unión de los Reinos de Castilla y Aragón*, recoge que tras su partida nada se supo de él,

> "ni una tabla, ni objeto de cualquiera especie, grande o pequeño, ha servido de indicio a conjeturas de que se estrellara en escollo ignorado o de que fuera sorbido por las olas con todo cuanto llevaba a bordo; el general D. Santiago Zabalburu, hermano del Capitán general de las islas, D. Domingo, la tripulación, los pasajeros, en cuyo número figuraban familias enteras bien acomodadas. El Océano guardó el secreto de la tragedia horrorosa".[4]

Estudios más recientes, como los llevados a cabo por la Oregon Historical Society[5] han supuesto, además de una ardua tarea de investigación en el Archivo General de Indias, un minucioso estudio de los restos hallados en la costa de Oregón, considerando una gran diversidad de factores como los análisis de georradar (GPR) y las consecuencias que sobre ellos debió tener el terremoto y tsunami llamado Cascadia, ocurrido en 1700 en la tierra de los nehalem, que fueron los que hablaron del hundimiento del barco a los primeros europeos llegados a la zona muchos años después del naufragio. Aunque dichos estudios tampoco han podido determinar con seguridad la identidad del navío naufragado en esas playas, existen ciertos indicios que nos llevan a pensar que el navío naufragado debió ser el Santo Cristo de Burgos, y que algunos de sus tripulantes sobrevivieron y permanecieron en aquellos territorios. Y es que, tal y como recoge el antropólogo e investigador David G. Lewis[6] algunas leyendas sobre el navío perdido y sus supervivientes han sido transmitidas a lo largo de los tiempos por las tribus de la región. En una de esas historias, recogida en la obra *Coyote Was Going There: Indian Literature of the Old Oregon Country*[7] se cuenta como una anciana, tras haber llorado durante un año la pérdida de su hijo, se acercó a pasear hasta la playa, cerca de un poblado clatsop, una fracción del pueblo chinook, y vio algo que llamó su atención. Lo primero que pensó fue que era una ballena pero cuando se aproximó distinguió dos abetos sobre ella y descubrió que se trataba de un monstruo que no supo identificar; se acercó hasta él y observó que su lateral estaba cubierto de cobre, que los abetos estaban atados con cuerdas y que había gran cantidad de hierro; entonces salió un oso y se paró sobre lo que allí yacía. Vio la anciana que parecía un oso, pero su rostro era el de un ser humano. Mientras regresaba a su aldea iba pensando que su hijo estaba muerto y que el monstruo del que tantas veces había escuchado hablar en las historias de su pueblo estaba en la orilla; así se lo hizo saber a las gentes del poblado, que se acercaron hasta la playa y recogieron el cobre, el hierro y el latón procedente de tal monstruo, que por supuesto no era tal, sino un navío naufragado al que después prenderían fuego, y observaron que lo que parecían osos eran realmente dos hombres que salían a la playa pidiendo agua. Llevaron entonces a los dos supervivientes ante dos jefes clatsop y estos comerciaron los metales obtenidos del naufragio con gentes de otros pueblos cercanos que se habían acercado hasta allí, y que después los utilizarían para elaborar joyas y ornamentos o para hacer cuchillos y otras herramientas.

Y es que el hecho de no existir registros de los nativos de Oregón y Washington practicando minería o forja de metales de ningún tipo nos lleva a la conclusión de que fueron los náufragos quienes les enseñaron cómo trabajar el metal. Así, los supervivientes se habrían ganado el respeto de las tribus y no sólo habrían interactuado con ellos en aspectos relativos al intercambio de conocimientos, sino también en cuanto a la descendencia, ya que parece que el apellido de uno de ellos se transmitió a su hijo y a también a una tribu o un pueblo llamado Soto.

Varias son las referencias que existen sobre la tribu o el pueblo de Shoto. La primera de ellas aparece en la documentación originada tras el viaje de Lewis y Clark de 1805,[8] según la cual se trataba de una tribu que residía en el lado norte de Columbia, detrás de un estanque y casi enfrente de la desembocadura del río Multnomah (en la actual Vancouver), en una aldea de ocho casas y cuatrocientas sesenta almas. Según David G. Lewis, para 1805 el hijo del superviviente del naufragio apellidado Soto pudo haberse convertido en jefe por derecho propio y establecerse en una aldea río arriba del lugar del naufragio del galeón. Esta tribu habría estado alineada políticamente, como otras aldeas autónomas, con una de las principales tribus de chinosokans, y la alianza probable sería con los multnomah. Soto sería el jefe de su aldea y para entonces tendría ya una edad avanzada, de al menos 50 años o más. En cuanto a la segunda referencia, esta es la que aparece en los relatos del explorador Gabriele Franchère,[9] que en 1812 visitó el pueblo de Soto y lo ubicó río arriba, frente a la isla que Lewis y Clarke habían llamado de Strawberry. Allí, cuenta Franchére, se encontraron con un viejo ciego, que les dio una cordial recepción, y que el guía que les acompañaba dijo que era un hombre blanco y que se llamaba Soto. Aprendieron por boca del anciano que era hijo de un español que había naufragado en la desembocadura del río, que una parte de la tripulación consiguió llegar a tierra a salvo, pero todos fueron masacrados por los clatsops, a excepción de cuatro, que se salvaron y se casaron con mujeres nativas. También les contó el anciano que estos cuatro españoles, de los cuales su padre era uno, disgustados con la vida salvaje, intentaron alcanzar un asentamiento de su propio pueblo hacia el sur, pero nunca más se supo de ellos, y que cuando su padre y sus compañeros abandonaron el lugar, él mismo era bastante joven. La tercera referencia que conocemos sobre el pueblo de Soto es la que hizo en 1813 Alexander Henry.[10] Parece ser que dicho pueblo era entonces un refugio seguro para los tramperos, no como otros cercanos en los que los naturales solían mostrarse muy hostiles y defensivos hacia los comerciantes de pieles. La ubicación del pueblo en este relato también estaría más arriba de la que determinaron Lewis y Clark. Aunque hemos de tener en cuenta, tal y como explica David G. Lewis, que no era raro que las aldeas se mudaran periódicamente para diversas actividades de recolección de recursos (campamentos de pesca, campamentos de recolección de raíces, campamentos de caza) y para la vida estacional (aldea de invierno, aldea de verano). De hecho, la tribu cascades, justo por encima de la aldea de Soto mencionada por Henry y Franchére, se mudaría anualmente a una aldea en una isla frente a Fort Vancouver, probablemente la isla de Hayden, como su aldea de invierno.

Conociendo las leyendas de los nativos y las referencias de los exploradores europeos en cuanto a los supervivientes del naufragio y la existencia de un pueblo llamado Soto, podríamos llegar a determinar que el navío que se perdió en la costa de Oregón fue el Santo Cristo de Burgos, ya que en el listado de la tripulación y los pasajeros que viajaban en él, aparece un marinero a bordo llamado Francisco de Soto.[11] Le podemos encontrar tanto en la primera visita que se realizó al galeón en el puerto de Cavite en junio de 1692 (Francisco de Zotto), como en la segunda, y última, visita que se hizo al galeón en la bahía de San Miguel, en la Ensenada de Naga, en julio de 1693, antes de partir de regreso hacia Acapulco (Francisco de Soto).

Notas

1. Marx, Robert F. *Shipwrecks in the Americas*, Dover Publications Inc., New York, 1987.

2. MECD, AGI, Filipinas 26, R.4, N.18.

3. Ver Beewax Wreck en http://maritimearchaeological.org/beeswax-wreck/history/.

4. Fernández Duró, Cesáreo. *Armada Española desde la unión de los reinos de Castilla y Aragón*, Tip. Sucesores de Rivadeneyra, 1895.

5. *Oregon's Manila Galleon*, Volume 119, Number 2, Summer 2018.

6. En https://ndnhistoryresearch.com/northern-oregon-coast/

7. Ramsey, Jarold. *Coyote Was Going There: Indian Literature of the Old Oregon Country*, University of Washington Press, 1980.

8. *History of the expedition under the command of Captains Lewis and Clark, to the sources of the Missouri, thence across the Rocky Mountains and down the river Columbia to the Pacific Ocean, 1804-1806*, en la Colección de la Biblioteca Thomas Jefferson, Biblioteca del Congreso.

9. Franchère, Gabriele. *Narrative of a voyage to the Northwest coast of America, in the years 1811, 1812, 1813, and 1814, or, The first American settlement on the Pacific*, traducido y editado por J.V. Huntington, New York, 1854.

10. *New Light on the Early History of the Greater Northwest, The Manuscript Journals of Alexander Henry and David Thompson, 1799-1814*, edit. Elliott Coues, Cambridge Library Collection, 2015.

11. MECD, AGI, Filipinas 26, R.4, N.18.

El siglo XVIII: La colonización de la costa Oeste de los Estados Unidos con la fundación de misiones y asentamientos, y los viajes de exploración de la costa pacífica de Norteamérica hasta Alaska

5. Expedición de Vitus Bering y Alexei Tschirikov

Fue a finales del siglo XVII, concretamente a partir de 1697, cuando la orden religiosa de la Compañía de Jesús instauró misiones en la península de la Baja California, pero tanto los conflictos con la población nativa peninsular como con el resto de la sociedad colonial novohispana dificultaron mucho su existencia, y sus misiones finalizaron con la expulsión de la Compañía de los territorios de la Monarquía hispánica en 1767. A partir de entonces a los jesuitas les tomaron el relevo los franciscanos, que, con fray Junípero Serra como fundador, construyeron una decena de misiones a finales del siglo XVIII, misiones que con el paso de las décadas llegarían hasta veintiuna en la Baja y Alta California.

La continua comunicación de los colonos y misioneros con la Nueva España, desde donde se recibían frecuentemente los auxilios y los bastimentos necesarios, hizo conocida y segura la navegación por la costa oeste del continente americano, y además también dio lugar a que se adelantasen los reconocimientos por las costas más septentrionales, así como a intentar bloquear el tan temido avance de los rusos y de otras naciones por ese territorio. Para todo ello la Corona decidió crear el Departamento Naval de San Blas y encomendó al visitador general de la Nueva España, José de Gálvez y Gallardo, la ordenación del puerto de San Blas en las costas noroccidentales de la Nueva Galicia,[1] con el fin de facilitar la expansión de sus dominios y mejorar sus rutas comerciales y, de paso, tratar de frenar también las incursiones de los piratas por esas costas. A partir de entonces sería allí donde se construirían los navíos, donde llegarían los bastimentos procedentes de México y de Guadalajara para ser enviados a la Baja y la Alta California, y desde donde partirían tanto las embarcaciones de los exploradores como las que transportaban tropas, misioneros y colonos a los nuevos establecimientos y a los territorios del noroeste del continente americano.

Pero no sería hasta finales del siglo XVIII cuando una serie de circunstancias darían lugar a que la Monarquía hispánica tratase por fin de colonizar la extensa costa norteamericana del Pacífico. Proceso que desembocaría en la fundación de un pequeño asentamiento en Nutka (Canadá), lo que desataría una crisis diplomática de gran magnitud, que estuvo a punto de llevar a España, Inglaterra, Francia e incluso a Rusia a la guerra. Y es que ya desde 1761 tanto el embajador español en San Petersburgo, el marqués de Almodóvar, como otros diplomáticos españoles remitieron numerosas informaciones sobre los movimientos rusos en la costa norteamericana del Pacífico y su interés por participar activamente en la colonización de América desde la península de Kamchatka.[2]

Así, el embajador español advirtió que desde Rusia se había organizado una expedición a las costas americanas en la que participaron el comandante danés Vitus Bering y su ayudante, el capitán ruso Alexei Tschirikov, con la compañía del francés Monsieur de L'Ilse. Tras largos preparativos para la expedición, ambos partieron en septiembre de 1740 con dos navíos, el San Pedro y el San Pablo, y la orden de no separarse, aunque pronto se perdieron de vista el uno al otro por las nieblas y las borrascas. Navegaron al sudeste hasta la altura de 46 grados, pero como no encontraron señal alguna de la tierra que estaban buscando (la del portugués Joao da Gama, la mítica tierra de Gama que se creía que existía entre Kamchatka y el continente americano) se dirigieron al nordeste, y ambos llegaron a las costas de América, aunque en diferentes alturas y sin tener noticias el uno del otro.

Bering descubrió las costas americanas después de seis semanas de travesía, continuó entonces navegando y, tras infinitos riesgos y furiosas borrascas, el 5 de noviembre, estando en altura de 56 grados, su navío se hizo pedazos contra la costa de una isla. Una vez en tierra los hombres de la marinería lograron salvarse, pero allí falleció Bering, "desesperado de volver al comercio de los hombres se entregó a su melancolía y rehusó comer y beber faltándole fuerzas en su vejez para consolarse en tan triste situación".[3] La tripulación consiguió fabricar una buena barca con los restos del navío y volvió al puerto de Avatscha. Por su parte, el capitán Tschirikov, después de separarse de Bering, navegó hacia el nordeste hasta los 56 grados y desde allí (en el lugar que después sería la base rusa de Sitka) envió varios botes con algunos de sus hombres a tierra, que nunca volvieron. A partir del 27 de agosto, sufriendo tempestades, falta de agua y escorbuto, Tschirikov consiguió avanzar unas 200 leguas más sin perder la tierra de vista,

> "sin haber logrado en toda la costa otra ventaja que la de ver veinte y una canoas de cuero, cada una con un hombre, con los quales no pudo lograr ni comercio ni comunicación. Mr. de la Croyere, que iba en este navío y murió en él, dijo que los americanos de estas canoas eran muy semejantes a los habitantes del Canadá, en donde había servido 17 años en las tropas de Francia".[4]

Los nativos que vieron debieron ser tlingit, pero no consiguieron establecer ningún contacto con ellos, y sin botes pequeños con los que poder explorar la costa en la que se encontraban, el extremo occidental de las Aleutianas, ni poder reponer el suministro de agua dulce, la expedición tuvo que regresar al puerto de Avastsha, de donde había salido, el 23 de octubre de 1741. Una vez allí, recibió Tschirikov el encargo de partir de nuevo en búsqueda del barco de Bering, el San Pedro, y aunque no lo encontró, durante ese viaje pudo divisar la isla de Attu, el punto más occidental del continente americano. Hasta ese momento los rusos no habían hecho más que observar las costas de la América pero, tal y como indicaba entonces el embajador español,

> "con todo no ha faltado entre ellos quien haya impreso que las tierras descubiertas por Beering y Tschirikiov se podían llamar con razón la Nueva Rusia a imitación de la Nueva España y la Nueva Inglaterra, porque aunque no han tomado posesión de ellas son dueños de hacerlo siempre que se les antoje y no hay monarca en Europa que las posea y pueda estorbárselo. Así se forman pretensiones".[5]

También comentó entonces el embajador desde San Petersburgo que:

> "si quando los dos navíos rusos estaban a la altura de 45 grados en vez de mudar su rumbo al Nordeste lo hubieran seguido en derechura hacia el Este hubieran arribado muy cerca de la California, y si hubieran continuado al Sudeste, como empezaron, pudieran haber arribado a alguno de nuestros puertos de América. La tierra más próxima a nuestros establecimientos es la que descubrió el capitán Tschirikiov a 56 grados de latitud, y por consequencia distante 13 grados del cabo Blanco, que está a la extremidad de la California".[6]

Notas

1. MECD, AGI, Guadalajara 511, N.73.
2. MECD, AGI, Estado 86B, N.100.
3. Ibídem.
4. Ibídem.
5. Ibídem.
6. Ibídem.

6. Otras expediciones rusas y la de Portolá Rovira

A este viaje de Bering, y a los de Tschirikov, les siguieron varias expediciones de compañías de mercaderes rusos en busca de pieles. En una interesante carta cifrada, escrita por el Conde de Lacy, teniente general y embajador en las cortes de Suecia y Rusia, fechada en San Petersburgo en marzo de 1773,[1] se hace un resumen de las diferentes expediciones llevadas a cabo por los rusos durante la segunda mitad del siglo XVIII. Cuenta el embajador que tras la expedición de Bering y Tschirikov, que llegaron hasta los 60 grados de latitud "en donde hallaron tierra pero se volvieron con la duda de si era isla o continente, y que entre los 55 grados y 60 hallaron muchas islas", la emperatriz rusa Catalina II destinó tres embarcaciones al mismo intento. Esto fue en el año de 1764 y bajo el mando de los capitanes Estelhacor y Panewbafew, "que refirieron unánimemente que desde los 49 hasta los 75 grados todo es tierra firme pero casi siempre cubierta de una niebla muy densa".

Todavía las autoridades hispanas llamaban a toda la costa noroeste del continente americano las costas septentrionales de la California, empleando los rusos el mismo nombre para esos territorios. Así, podemos leer en la dicha carta cifrada que "la tierra firme según dicen y creen aquí es la California la que en tal caso se extiende hasta los 75 grados", y también que el lugar donde los mercaderes rusos se habían establecido por orden de su emperatriz era en los 64 grados, "y que aquí no dudan que es en la California", tierra de la que hacen una agradable descripción en cuanto a sus condiciones y recursos. En abril de 1773 también remitió el Conde de Lacy a las autoridades hispanas dos cartas geográficas con los descubrimientos de los rusos en Kamchatka y América del Norte, y otra en la que narraba su entrevista con un habitante de Kamchatka, de nombre Popow, según el cual los rusos incluso habrían pensado el hacer causa común con los ingleses de la Compañía de Hudson para evitar que los españoles se acercaran a esas zonas, pero como pensaban estos que los españoles "no llegamos sino hasta los 48 grados, se persuadieron los rusos que ignorábamos sus establecimientos que están en los 64 y los 65, y por consiguiente no tomaron otras medidas",[2] y por ello consideraron que no era necesario poner en marcha ninguna alianza con los ingleses.

Así, Rusia se había introducido en una zona que la Monarquía hispana consideraba propia y, aunque su fin principal era la empresa de las peleterías, realmente se temía que sus intenciones fueran más bien las de expandirse hacia al sur, hasta llegar a la Nueva España; por lo que tras recibir la correspondencia del Conde de Lacy se estudió la conveniencia de enviar copias de toda la información remitida desde Rusia al virrey de México, Antonio María de Bucareli y Ursúa, para que este pudiera adoptar las medidas oportunas con el fin de evitar que la expansión rusa amenazara California y, por extensión, la Nueva España. De este modo, por orden del Rey, el Secretario de Marina e Indias, Julián de Arriaga, envió copia de toda la documentación a Bucareli, que en carta enviada por la vía reservada y fechada en México en septiembre de 1744 daba cuenta de que quedaba en su poder

"el kalendario Geográfico impreso en San Petersburgo para este año y la copia de noticias dadas por el Conde Lazy (...) para que sirvan a los fines que puedan convenir al servicio de S.M. en las exploraciones sobre esta-blecimientos rusos en nuestras costas septentrionales".[3]

Aprovechaba también Bucareli la ocasión para expresarle su opinión a Arriaga sobre las noticias del Conde Lacy en rela-ción al comercio con los ingleses establecidos en la bahía de Hudson,

"que puede no ser difícil desde los mares de Kamts-chatka si los ingleses han extendido sus posesiones, pero esto me parece que nos coge distante, que no nos pone en nuevos cuidados y que tiene las mismas apariencias de invención que el pretendido paso desde aquella bahía a nuestra Mar del Sur de que tanto hablaron las noticias públicas".[4]

También avisaba el virrey de la salida del puerto de Monterrey de una expedición con la instrucción de navegar hacia el norte, para continuar los descubrimientos de la costa de Cali-fornia, reconocer y tomar posesión en nombre del Rey de todas las tierras descubiertas y tratar de encontrar los esta-blecimientos rusos en la costa oeste americana.

El resultado inmediato de todos los informes que redactaron los diplomáticos sobre la expansión de los rusos fue el que en Madrid se encendieran todas las alarmas, y se ordenara inmediatamente a las autoridades de la Nueva España que se llevasen a cabo las acciones convenientes para averiguar si realmente era cierto que los rusos habían llegado al conti-nente americano y, en caso de ser así, proceder a expulsarles de esos asentamientos, en el pleno convencimiento de que se habían realizado de manera ilegal, ya que se trataba de tie-rras bajo soberanía de la Monarquía hispana. No obstante, los rusos no eran el único problema potencial, ya que también los franceses y los ingleses habían estado intentando encontrar el Paso del Noroeste entre el Atlántico y el Pacífico.

Tal y como indica Ignacio Ruiz Rodríguez en su obra *Las fronteras septentrionales del Pacífico Americano: españoles, rusos e ingleses en la conquista de la Alta California*,[5] es en este momento cuando nos encontramos ante el inicio de lo que vino a ser una enorme y magna empresa: la de los viajes realizados por mar y tierra al norte de la California. Pero, igualmente nos hallamos ante una nueva visión del derecho internacional en tierras de América, ya que el contenido de las famosas Bulas Alejandrinas carecía ahora de cualquier sentido ante naciones desvinculadas del poder pontificio en la tierra y, por otro lado, el igualmente célebre Tratado de Tordesillas tampoco podía ser exhibido ante otras potencias colonizadoras, como era en este supuesto el caso de Rusia.

EXPEDICIÓN DE GASPAR DE PORTOLÁ ROVIRA

Por todo ello, a lo largo de la segunda mitad del siglo XVIII se pusieron en marcha una serie de expediciones con el fin de certificar la presencia de la Monarquía hispánica en tierras del Pacífico norteamericano. La primera de ellas fue la llevada a cabo por Gaspar de Portolá Rovira en 1769. Y es que, cuando en 1767 Carlos III decretó la expulsión de los jesuitas, el virrey de la Nueva España, el marqués de Croix, por medio del visitador José de Gálvez, encomendó a Portolá la tarea de hacerla efectiva, y para ello este último se trasladó al presidio de Loreto, desde donde se dedicó a la organización y administración militar de los territorios de las Californias. Un año después recibiría al visitador Gálvez, que permanecería durante ocho meses en aquellos territorios, organizando la defensa militar frente a la presión de rusos e ingleses desde el norte. En la primavera de 1769 Portolá inició su viaje hacia la Alta California, con la misión de encontrar y tomar posesión de Monterrey. La expedición se dividió en cuatros grupos de soldados, misioneros y colonos, dos de ellos navegarían a bordo de las naos naos San Carlos y San Antonio, que zarparían del puerto de La Paz, mientras que los otros dos grupos saldrían por tierra. En una de estas expediciones por tierra iría Portolá, acompañado de su amigo y misionero fray Junípero Serra.

A principios de julio los dos navíos y las dos expediciones terrestres ya habían llegado a San Diego, a finales de octubre se encontraron en San Francisco y después de un amplio recorrido, en el que pudieron tomar medidas de las islas circundantes, los hombres de Portolá regresaron a San Diego sin haber encontrado la bahía de Monterrey, aunque debieron pasar por al lado, pero las condiciones meteorológicas no les permitieron avistarla. El 17 de abril inició Portolá un nuevo viaje de reconocimiento; el navío San Antonio iría por mar mientras que él lo haría por tierra, llegando a Monterrey el 23 de mayo y tomando finalmente posesión del territorio a principios de junio de 1770, para inmediatamente comenzar la construcción del fuerte de San Carlos de Monterrey, y poder así controlar militarmente el territorio. Portolá partió hacia el puerto de San Blas el 15 de junio, para viajar luego a la capital novohispana e informar al virrey de todo lo sucedido durante sus viajes al norte de California.[6] Y mientras el virrey de la Nueva España, el marqués de Croix, recibía noticias de los viajes de Portolá, continuaban llegando a oídos de las autoridades hispanas informaciones del embajador marqués de Almodóvar sobre los asentamientos que los rusos habían establecido en América. Era, por tanto, el momento de organizar nuevas expediciones a esas tierras, al margen de las que de manera ordinaria ya se llevaban a cabo, así que durante las siguientes décadas, y tras las informaciones recibidas de manera continuada por los embajadores españoles en Rusia, el vizconde de la Herrería, el conde de Lacy y el Marqués de la Torre, entre 1774 y 1793, la Monarquía hispana enviaría varias expediciones desde México hacia el norte, tanto para fortalecer y reafirmar sus demandas históricas, como para continuar la exploración de la costa Pacífica de Norteamérica.

Notas

1. MECD, AGI, Estado 86B, N.100.
2. Ibídem.
3. MECD, AGI, Estado 20, N.10.
4. Ibídem.
5. Revista Ilcea, número 18, 2013.
6. MECD, AGI, Estado 43, N.7.

7. Expedición de Juan José Pérez Hernández

En 1773, tras las informaciones proporcionadas por el Conde de Lacy en las que se alertaba sobre la posible intención de los rusos de continuar su avance desde Alaska hacia el sur, una vez informado el virrey de Nuevo México, Antonio María de Bucareli y Ursúa, se dispuso que el piloto Juan José Pérez Hernández explorara la costa del Pacífico hasta los 60 grados de latitud norte y reafirmara los derechos españoles sobre todas las tierras ribereñas en nombre del rey Carlos III. Trataba el virrey de continuar los descubrimientos en las costas de California, y también, por supuesto, de reconocer y tomar posesión en nombre del Rey de todas aquellas tierras que fuesen descubiertas y no estuviesen ocupadas por otras naciones, pero también quería Bucareli desalojar los posibles establecimientos que se encontrasen de otras potencias en aquellos territorios, requiriéndolo primero de manera diplomática y, si era necesario, por la fuerza. Salió con estos propósitos la expedición del piloto graduado de alférez de fragata, Juan José Pérez Hernández, a bordo de la fragata Santiago, alias Nueva Galicia, quien llevaba como primer piloto a Esteban José Martínez Fernández.

De San Blas partió Pérez Hernández el 24 de enero de 1774, para fondear después en el puerto de San Diego y posteriormente en el de Monterrey, donde el buque se preparó para salir a navegar el 6 de junio hacia latitudes más altas. En este último puerto se embarcaron el capellán fray Juan Crespi y el misionero fray Tomás de la Peña y Saravia, autores de sendos y minuciosos Diarios en los que recogieron todo lo sucedido durante su viaje y que contienen las primeras observaciones etnográficas realizadas por exploradores europeos sobre los haida.[1] Pero, además de por los Diarios que ambos escribieron, junto con los de los oficiales de la expedición, en los que todos ellos recogieron pormenorizadas descripciones de la cultura material de los nativos con los que establecieron contactos, en esta ocasión, como sucederá con las expediciones posteriores, también podemos conocer de manera aún más precisa datos sobre el viaje y los encuentros que los expedicionarios tuvieron con los nativos a través del estudio de algunas piezas concretas que se intercambiaron (fundamentalmente vestimentas y objetos diversos), y que se conservan en las colecciones del Museo de América en Madrid.[2] Este tema ha sido minuciosamente estudiado por la arqueóloga y antropóloga Enma Sánchez Montañés que, en su artículo titulado *Las expediciones españolas del siglo XVIII al Pacífico Norte y las colecciones del Museo de América de Madrid*,[3] explica cómo la expedición de Pérez Hernández estableció contacto por primera vez con nativos haida y nuu-chah-nulth.

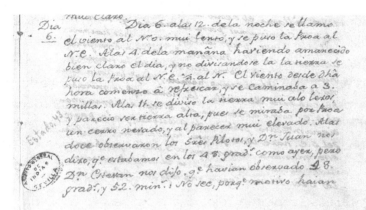

FIGURA 3. *Carta de fray Junípero Serra remitiendo el diario de fray Tomás de la Peña de la expedición de Juan Pérez a California y dando noticias de las misiones, 1774.* Primera vez que los expedicionarios hispanos se acercan a la costa del futuro Territorio de Oregón y la divisan plenamente en 48 grados.[4]

OBSERVACIONES DE LA TRIPULACIÓN ACERCA DE LOS HAIDA

En el Diario de navegación escrito por fray Tomás de la Peña y Saravia encontramos las primeras descripciones de la costa y de sus habitantes, tanto del denominado posteriormente Territorio de Oregón como del actual Estado de Oregón. Cuenta el religioso que salió de Monterrey a bordo de la fragata de Su Majestad nombrada Santiago, alias la Nueva Galicia, mandada por Juan Pérez el 6 de junio de 1774, y que los acompañaba en la navegación el paquebote San Antonio, alias el Príncipe. Tras pasar la punta de Año Nuevo, la del Pino, la de los Cipreses y la ensenada de Carmelo, los expedicionarios divisaron la sierra de Santa Lucía y continuaron navegando. El día 5 de julio ya avisaron los pilotos que estaban en altura de 43 grados y 35 minutos de latitud. Continuaron navegando hasta alcanzar el día 22 de julio los 55 grados, sin poder bajar a tierra por los malos tiempos y los vientos contrarios, y fue al norte de la punta que llamaron de Santa Margarita (actual punta Saint Margaret, en uno de los extremos de la actual entrada de Dixon, entre el Estado de Alaska y la Columbia Británica de Canadá), en 55 grados y 49 minutos, cuando vieron por primera vez canoas de nativos. Recogió entonces fray Tomás en su Diario que:

"en dichas canoas vinieron como doscientas almas, en unas se contaron veintiuna personas, en otras diecinueve, en las demás había a cinco, a siete, a doce y a quince almas. Vino una canoa con doce o trece mujeres sin hombre alguno, en las otras había también algunas mujeres, pero el mayor número era de hombres. Al tiempo de llegarse a nuestro barco la canoa de mujeres sucedió que ésta, topando con su proa en la de otra canoa de hombres, se la quebró, de lo que se enfadaron mucho los hombres, y uno de ellos cogiendo en sus manos la proa de la canoa de las mujeres se la hizo pedazos, para vengarse del descuido de ellas. Toda la tarde se estuvieron las canoas, que eran veintiuna entre todas, alrededor de nuestro barco comerciando con los de abordo, para lo qual traían grande prevención de petates, pieles de diversas especies de animales y peces, sombreros de juncos, gorras de pieles y plumajes con varias tipuras, y sobre todo muchas colchas o texidos de lana muy bordados como de vara y media en quadro con sus flecos de la misma lana alrededor y varias labores de distintos colores. De todo compraron los nuestros por ropa, cuchillos y abalorios varias piezas. Se conoció que tienen mucha afición al comercio, y que lo que más apetecían era cosas de fierro, pero querían piezas grandes, y de corte, como espadas, machetes, pues mostrándoles belduques daban a entender que eran chicos, y ofreciéndoles aros de barril, que no tenían cortes. Subieron a bordo dos gentiles y les quadró mucho nuestro barco y las cosas de él. Las mujeres tienen taladrado el labio inferior, y en él pendiente una rodeta plana, que no pudimos saber qué cosa era ni de qué materia. Su vestido es una esclavina con fleco alrededor y una ropa telar de sus texidos de lana o de pieles, que las cubre todo el cuerpo. Tienen pelo largo y hecho trenza a las espaldas, son blancas y rubias, como cualquier española, pero las afea la rodeta que tienen en el labio y les cuelga hasta la barba. Los hombres andan también cubiertos ya de pieles ya de tejidos de lana, y muchos con esclavina, como las mujeres, pero no reparan en quedarse desnudos quando ven ocasión de vender su vestido. A las seis se fueron despidiendo las canoas para su tierra y demostraron que deseaban el que fuésemos a ella. Algunos marineros saltaron a las canoas y los gentiles los embijaron con mucha algazara y contento. Dieron a entender estos gentiles que no pasásemos para el Norte porque era mala gente que flechaban y mataban (cuento común entre gentiles el decir que todos son malos menos ellos)".[5]

También hizo fray Juan Crespí una descripción en su Diario de los nativos que conocieron en altura de 55 grados, cerca de la punta de Santa Margarita. Recogió el religioso que "estos gentiles son bien corpulentos y cejudos, de buen semblante y de color blanco y bermejo, con pelo largo y cubiertos con cueros de nutria y de lobos marinos, según nos parecía, y todos o los más con sus sombreros de junco bien tejido, con la copa puntiaguda",[6] y señaló que algunas mujeres iban solas remando en las canoas, gobernándolas como los más diestros hombres,

"venían las canoas hacia bordo sin el menor recelo cantando y tocando unos instrumentos de palo como a tambor o pandero, y algunos con ademanes de bailar, arrimáronse a la fragata cercándola por todos lados y luego se abrió entre ellos y los nuestros una feria, que luego conocimos venían a tratar y feriar sus trastos con otros de los nuestros, éstos les dieron algunos belduques, trapos y abalorios, y ellos correspondieron dando cueros de nutria y de otros animales no conocidos, bien curtidos y agamuzados, colchas de nutria también cosidas unas piezas con otras, que ni el mejor sastre lo haría mejor, otras colchas o fresadas de lana fina o de pelo de animales que parece lana fina tejida y laboreada de hilo del mismo pelo, de varios colores, principalmente de blanco, negro y amarillo, un tejido tan tupido que parece ser hecho en telares. Y todas las colchas tienen alrededor sus flecos del mismo hilo torcido".[7]

Narró el religioso en su Diario que obtuvieron de los nativos algunas maderas chicas bien labradas, como de esculturas o tallas, de figuras de hombres, animales y pájaros, y algunas cucharas también de madera con labores por la parte de fuera y lisas por dentro, y una de ellas de cuerno de algún animal, así como cajas de pino que en vez de ir con clavazón estaban cosidas con hilo en las cuatro esquinas, por dentro algo toscas pero por fuera bien labradas y lisas, y en la parte delantera con labores a modo de tallas con varias figuras y ramos y embutidas conchas y caracolillos de la mar en bonitos encajes, y algunas pintadas de varios colores, principalmente amarillo, que servían tanto para almacenar sus trastos como para sentarse en ellas para remar. También le llamó mucho la atención a este religioso el que las mujeres llevasen agujereado el labio de abajo con un rodete pintado de colores, que según él las afeaba mucho y que "con facilidad y con solo el movimiento del labio se levanta dicha tablilla y les tapa la boca y parte de la nariz".[8] Parece ser que dos de los nativos subieron al navío, donde los hombres de Pérez Hernández les mostraron la cámara y la imagen de la Virgen, y como parecían admirarla se la regalaron, y a su vez dos hombres de la expedición saltaron a las canoas de los indios y bailaron con ellos. Tras este amistoso encuentro intentaron los expedicionarios acercarse con el navío a tierra, pero las corrientes se lo impidieron y tuvieron que seguir la navegación. Finalmente anotó el religioso en su Diario que las mujeres iban muy bien peinadas, con el pelo largo hecho trenza, que usaban anillos de hierro y cobre en los dedos y que, según el capitán que había estado mucho tiempo en Asia, se asemejaban mucho a los sangleyes de Filipinas.

El oficial a cargo de esta expedición, Juan Pérez Hernández, también escribió un Diario de navegación desde la fragata Santiago, y en él recogió al principio del mismo y a modo de resumen que en altura de 55 grados:

"encontré mucha multitud de indios que me salieron al encuentro con sus canoas, gente por cierto hermosa así los hombres como las mujeres, siendo su color blanco, pelo rubio, ojos azules y pardos, muy dóciles según se manifestaron los que llegaron al costado, que en veintiuna canoas había hasta el número de doscientos y más indios, sin contar dos canoas llenas de mujeres y algunos niños pequeños, trataron con la tripulación comerciando varias cositas".[9]

Más adelante, en el dicho Diario de navegación, registró Pérez Hernández una descripción mucho más detallada de este encuentro cerca de Santa Margarita con los nativos, e indicó que:

> "los hombres eran de buena estatura de cuerpo, bien fornidos, el semblante risueño, hermosos ojos y buena cara, el pelo amarrado y compuesto a modo de peluca con su rabo, algunos lo traían amarrado por detrás, los que tienen barbas y bigote a modo de los Chinos gentiles (...), todo su comercio se reduce a dar pieles de animales como son lobos marinos, nutrias y osos, y también tienen una especie de lana blanca que no sé qué especie de animal la produce, de él sacan lana y texen fresadas bonitas, de las quales yo recogí quatro, no son grandes pero bien texidas y labradas".[10]

Añadía Pérez Hernández a estas observaciones que:

> "era toda gente corpulenta y bien parecida así de color blanco como en sus facciones, ojos azules los más de ellos, el pelo lo atan a la española, y algunos usan dragona como soldados, también gastan bigotes los que tienen barbas. El referido rey o capitán trae su música de pandero y sonaja, y antes de llegar bailaron y cantaron, y luego empezaron a comerciar con sus cueros de nutrias, lobos y de osos, que la tripulación recogió bastantes a cambio de trapos viejos, también recogieron algunas fresadas bonitamente tramadas y fabricadas, según me parece en telar. Yo recogí algunas también. Noté entre ellos algunas cosas de hierro, así en las canoas como instrumentos de cortar como fue media bayoneta y un pedazo de espada, no les quadran los belduques y por señas pedían espadas largas o machetes, pero al fin recogieron algunos cuchillos

que la gente de mar les dieron a cambio de cueros, traían algunas caxitas de madera para guardar sus cosas. Yo les hice mil preguntas y no me entendían ni por señas. Varios de nuestra tripulación saltaron en sus canoas y de ellos vinieron dos a bordo (...) entre las veintiuna canoas venían dos llenas de mujeres con algunas criaturas de pecho y mayores, todas eran de buen parecer blancas y rubias, muchas de ellas usan sus manillas de hierro y cobre, y algunos cintillos de lo mismo, visten su ropa de cueros ajustados al cuerpo. El labio inferior por el medio lo tienen taladrado y en él se ponen un labio de concha pintado que les da en las narices quando hablan, pero tienen movimiento regular, y esto lo usan las casadas según parece, porque algunas mozas no lo traían. Son de buen cuerpo así ellas como ellos".

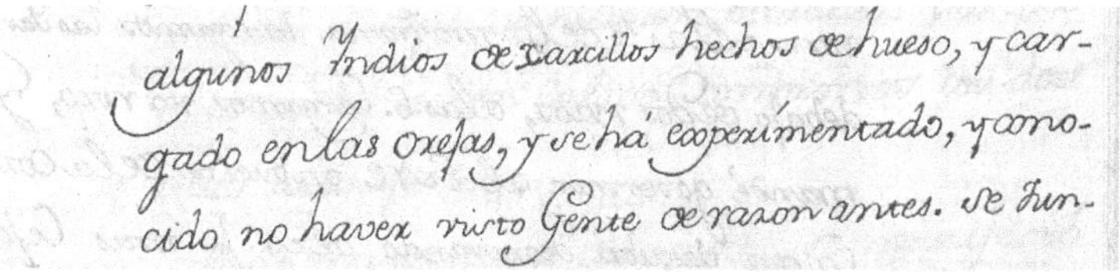
algunos Indios de zarcillos hechos de hueso, y car-
gado en las orejas, y se ha experimentado, y conocido no haver visto Gente de razon antes. Se hun-

FIGURA 4. *Juan Pérez remite Diario de navegación de la fragata Santiago, 1774*. Primera referencia a que los nativos llevaban adornos de hueso en las orejas; en la Rada de San Lorenzo, en 49 grados y 5 minutos.[11]

Por último, también el segundo piloto de la expedición, Esteban José Martínez, escribió sobre lo sucedido durante los días 20 y 21 de julio, cuando se encontraron con los nativos cerca de la punta de Santa Margarita, destacando que:

"lo que me causó novedad fue verles media bayoneta y a otro un pedazo de espada hecha cuchillo. A este instrumento no se inclinaban mucho y sí pedían por señas espadas, y cuchillos grandes (...) y está esta tierra sobre 55 grados y 30 minutos, y es el mismo paraje donde perdió el teniente del capitán Bering, Monsieur Tchirikov, su lancha y gente por el mismo mes de julio de 1741, y creo que el fierro que poseen estos indios sea de los tristes despojos de la pobre gente que en dicha lancha se embarcaron".[12]

LOS HAIDA

Recoge Sánchez Montañés en su citado artículo[13] que algunos de los objetos que entonces obtuvieron los hombres de Pérez Hernández fueron los primeros obtenidos por los españoles en el Pacífico Norte, en este caso en el área cultural de la costa noroeste y concretamente en territorio haida, siendo además probable que estos haida procedieran de Dadens, el único poblado importante de la isla de Langara, y que los objetos que más llamaron la atención de los expedicionarios fueron las mantas y los sombreros. También recoge la antropóloga y arqueóloga que entre las piezas que se encuentran en el interesantísimo Museo de América de Madrid procedentes de esta expedición destaca un pequeño patito tallado en marfil sobre un diente de cachalote,[14] una pequeña e importantísima obra de arte que ya ha sido sobradamente reconocida y estudiada por especialistas. Así, Steven C. Brown, en su obra sobre la *Evolución en el arte de la Costa Noroeste desde el siglo XVIII hasta el siglo XX*,[15] defiende que el patito es la pieza más antigua documentada en cualquier colección del mundo, y acertadamente señala que en la fecha de su recogida la pieza podría tener ya una edad considerable. Se atribuye claramente a la cultura haida y, según Sánchez Montañés, tanto esta como las demás piezas procedentes de Norteamérica, sobre todo de las costas de Alaska y la Columbia Británica recogidas a finales del siglo XVIII son testimonios de unos pueblos que todavía no habían empezado a experimentar los procesos de cambio acelerado que traerían la posterior conquista y colonización. El dicho amuleto de marfil, que representa a un ave, es la única pieza de la colección de la que se conocen las circunstancias exactas de su recogida, acaecida en 1774, "un petatito o bolsa de Vejuquillo muy fino y primorosamente labrado; y en ella una especie de Paxaro de hueso con el pico superior quebrado, rescatado de una India que lo traía al cuello con una porción de dientecitos al parecer de cayman chico".[16]

FIGURA 5. *Amuleto haida que representa un pato, recogido por la expedición de Juan Pérez Hernández en 1774.* Es la pieza más antigua de la Costa Noroeste de la que existe documentación precisa sobre su recogida.[17]

Los haida eran, y son, una nación indígena que tradicionalmente se ha incluido en el grupo de las lenguas na-dené por sus similitudes con el athabascan-eyak-tlingit, aunque en la actualidad numerosos lingüistas consideran que su dialecto es único y no está emparentado con ninguno de los de su entorno, por lo que no formaría parte del dicho grupo lingüístico y supondría una lengua aislada, no relacionada con otras. Se referían a sí mismos como xa´ida, que significa el pueblo o la gente, y se dividían en dos grupos, los kaigani (habitantes de las isla Príncipe de Gales, en Alaska) y los haida (habitantes de las bahías costeras y de las entradas de las islas Reina Carlota, Haida Gwaii que significa islas de las personas, en la Columbia Británica, Canadá), que a su vez se dividen en los grupos skidegate y masset, y estos últimos en howkan, klinkwan y kasaan. Los haida habían desarrollado canoas para pescar que podían llegar a medir hasta 18 metros y tenían capacidad para 50 tripulantes, y con las que también llevaban a cabo sus actividades comerciales. Dichas canoas estaban talladas en madera de cedro rojo, el mismo material con el que esculpían sus elaborados tótems, además de cajas de cedro, máscaras y otros objetos utilitarios y decorativos (aspectos culturales que compartían con sus vecinos tsimshian y tlingit). Tradicionalmente, cada aldea haida era una unidad política independiente y, en gran medida, cada familia en una aldea era también una entidad autónoma. Todos los haida pertenecían, y pertenecen aún, a uno de los dos grupos sociales: el águila o el cuervo, a veces referidos como clanes, y entre ellos se casaban con miembros del clan opuesto. La pertenencia al clan era matrilineal, y cada grupo contenía más de 20 linajes. Se proclamaba públicamente la pertenencia al clan a través de una elaborada exhibición de escudos familiares, tallados en tótems que erigían frente a las casas y labrados o pintados también en las canoas. Uno de los ritos más importante de los haida era el Potlatch (de la palabra chinook Patshatl), que designa a todo un conjunto de fiestas que tanto los haida como otros pueblos nativos de la costa noroeste (eyak, tlingit y tsimshian) celebraban en ocasiones señaladas, como la imposición del nombre a los niños, la transmisión de privilegios, la construcción de una casa, el matrimonio y la conmemoración de la muerte. El aspecto central de la fiesta, que, tal y como indica Sánchez Montañés,[18] era la celebración y participación activa en la entrega y recepción de regalos, estaba reservado a la nobleza, aunque la asistencia a la ceremonia estaba generalizada. Ningún acontecimiento significativo en la vida de un jefe podía prescindir del refrendo social que significaba el potlatch, en el cual además se presentaban públicamente los cantos y danzas propiedad exclusiva de dicho jefe. Así, se trataba de ceremonias que funcionaban para redistribuir la riqueza, conferir estatus y rango a individuos, grupos de parientes y clanes, y resolver reclamaciones sobre los nombres, poderes y derechos referentes a los territorios de caza y pesca. Las denominaciones de los linajes generalmente se derivaban del lugar de origen del grupo. Los linajes eran grupos propietarios y sus propiedades, administradas por los jefes, incluían derechos a ciertos arroyos para la pesca, sitios de captura, lugares donde existían plantas comestibles y cedros, colonias de aves, tramos de costa y espacios donde poder establecer las casas en las aldeas de invierno.

CONTINÚA LA EXPEDICIÓN DE PÉREZ HERNÁNDEZ

Tras este primer contacto con los nativos, la expedición de Pérez Hernández intentó tomar al día siguiente la punta al este de Santa Margarita y buscar algún fondeadero, pero las corrientes se lo impidieron; a mediodía observaron el sol y estaban en 55 grados, entonces tuvieron tiempos contrarios, neblina espesa y marejada, por lo que finalmente perdieron de vista la punta. Advertía el religioso Tomás de la Peña en su Diario que toda la tierra de Santa Margarita, y la demás al este, estaba tan poblada de arboleda que todo lo que se veía era bosque muy tupido, de lo que les pareció ser cipreses, y que en las canoas de los gentiles vieron palos de pino, de ciprés, de fresno y de hayas. Los vientos contrarios les obligaron a variar el rumbo de la navegación, y el capitán decidió llamar a la isla que vieron sobre la punta de Santa Margarita isla de Santa Cristina y a la otra tierra alta demarcada al noroeste, como a diez leguas de dicha punta, cabo de Santa María Magdalena. El día siguiente navegaron al este y al este sudeste, estaban en 53 grados y 48 minutos de latitud y por la noche "se vieron en el cielo a la parte del N. y el N.E. unos resplandores muy luminosos",[19] seguramente la primera aurora boreal que pudieron observar. Continuaron navegando hasta ver de nuevo la Sierra Nevada, y anotó entonces el religioso en su Diario que:

> "al pie de ésta se ve una tierra alta que hace cuchilla en la cumbre tendida del E. al O., y a la parte del O. hace la tierra un mogote redondo como un horno, y parece ser islote, aunque no se pudo reconocer si lo es, como tampoco si la dicha tierra alta es continente con la falda de la Sierra Nevada o isla apartada de ella".[20]

Esa misma tarde murió un grumete mexicano que formaba parte de la expedición llamado Salvador Antonio, natural (es decir "indio" en el lenguaje de la época) y casado en el pueblo cora de Huaynamota. Al día siguiente consiguieron virar para tierra con la proa al este, el religioso dijo misa y dio entierro (en el mar) al grumete fallecido. Arreció el viento y la lluvia durante un día entero y, cuando el tiempo mejoró, se encontraron en altura de 52 grados y 59 minutos. Desde los 54 hasta los 52 grados observaron que era toda tierra muy alta, a la que el capitán Pérez Hernández llamó la sierra de San Cristóbal. Hasta los 51 grados, que aclaró y pudieron observar el sol, continuaron sufriendo lluvias y malos tiempos, después hubo una tregua y el día 3 de agosto a mediodía estaban en 49 grados y 24 minutos. Entonces, por mandato del capitán, se gobernó al este para recalar a tierra y reconocer la costa; al día siguiente aún no habían conseguido verla, pero según los pilotos ya estaba muy cerca, a las doce observaron por fin el sol y estaban en 48 grados 52 minutos, el día 5 se encontraba la expedición en 48 grados y al día siguiente vieron un cerro nevado, al parecer muy elevado, en 48 grados.

Fueron estos tres días los mejores de toda la navegación, ya que en ellos hubo claros y sol. También el día 6 amaneció despejado y por fin lograron divisar tierra, pero no fue hasta el día 8, hallándose en 49 grados y 5 minutos de latitud, cuando a dos leguas de tierra pudieron fondear. Ese mismo día se acercaron a ellos los nativos, eran:

> "tres canoas de gentiles, en una venían cuatro hombres, en otra tres y en la otra dos, éstas se estuvieron algo apartadas de nuestro barco, dando gritos con ademanes de que nos fuéramos de allí, pero a largo rato, habiéndoles hecho señas de que se arrimasen sin miedo se acercaron y les dimos a entender que íbamos en busca de agua, pero ellos no debían estar muy satisfechos de nuestras señas y así se volvieron a sus tierras. Al retirarse éstas encontraron otras dos canoas que venían para nuestro barco, pero habiendo comunicado con los que iban de retirada se volvieron a tierra juntamente con ellos".[21]

Un poco más tarde se acercaron algunos de los expedicionarios en un bote a tierra, para poder al día siguiente saltar a tierra y tomar posesión de ella en nombre del Rey, y sobre las ocho de esa misma tarde se les volvieron a acercar otras tres canoas de nativos. No eran estas como las que habían visto en Santa Margarita, ya que:

> "las más grandes tendrán como ocho varas en largo, tienen la proa larga en canal y son más chatas de

popa, los remos son muy hermosos y pintados, que forman una paleta con una punta como de quarta al extremo. Dichas canoas parecen ser de una pieza, aunque no todas, pues vimos algunas cosidas, pero todas están muy bien trabajadas".[22]

Pero no fue hasta el día siguiente cuando por fin pudieron tener contacto con los nativos. Ocurrió al amanecer, antes de echar las lanchas al agua para alcanzar la tierra,

"llegaron quince canoas en que venían como cien hombres, y algunas mujeres. Dándoles a entender que se arrimasen sin miedo, se acercaron luego y comenzaron a comerciar con los nuestros quanto traían en sus canoas, que se reducía a cueros de nutria y otros animales, sombreros de junco pintados con una pera en lo alto de ellos y tejidos de una especie de cáñamo con sus flecos de lo mismo, con que se cubren, y los más tienen una esclavina de este tejido. Los nuestros les compraron varias piezas por trapos viejos, conchas de lapas que habían traído de Monterrey y algunos cuchillos, a éstos y a las conchas manifestaron más afición. No vimos entre estos gentiles tejidos de lana, como en Santa Margarita, ni andan tan cubiertos como aquellos. Las mujeres no tienen rodete en el labio. También a estos se les vieron algunos fierros y cobre".[23]

En el Diario redactado por Crespí se recogen también noticias del encuentro con los indios en altura de 49 grados y 5 minutos. Cuenta el religioso que fondearon como a una legua de la costa y al poco vieron llegar canoas que al rato volvieron a tierra, "y se paró del todo el viento y quedamos en calma, reservando para el día siguiente el saltar en tierra y plantar en ella el estandarte de la Santa Cruz y tomar posesión de dicha tierra en nombre de Nuestro Católico Monarca que Dios guarde. Divisamos bien la tierra que es una Rada, que se nombró por el señor capitán la Rada de San Lorenzo, que tiene figura de una C, tierra baja muy poblada de arboleda, que no pudimos distinguir qué arboleda sería. Este surgidero está muy poco resguardado de los vientos, hace dos puntas, la una al Sueste, que se llamó la punta de San Esteban, a contemplación del segundo piloto, y desde esta punta empieza la tierra baja muy poblada de arboleda, y corre de la misma manera de quatro o cinco leguas hasta el Norueste que ya es tierra alta en donde tiene la otra punta, que se llamó de Santa Clara, a cuya Santa estamos haciendo su novena, para prevenirnos para su día. Como a una legua de la tierra baja de dicha Rada de San Lorenzo vimos una sierra alta igualmente poblada de arboleda que la sierra baja y tras de dicha sierra divisamos hacia el Norte otra sierra más alta, con diferentes picachos cubiertos de nieve".[24]

Estando dado fondo en esta Rada, como a las ocho de la noche, vieron los expedicionarios a los primeros nativos en canoas, pero en seguida estos se alejaron para regresar poco después con otros. Anotó Crespí en su Diario que:

"estas canoas no son tan grandes como las que vimos en la punta de Santa Margarita, pues la mayor de estas no pasaría de ocho varas, ni son de la misma figura, pues tienen la proa larga en canal, y son más chatas de la popa. Los remos de estas son más curiosos que los de aquellas, pues están bien labrados y pintados de varios colores, y forman una paleta que en ella remata una punta de cerca de una quarta de largo. Las más de estas canoas son de una pieza, aunque también vimos algunas de piezas bien cosidas".[25]

Al día siguiente echaron los expedicionarios la lancha al agua para ir a tierra y estando en esa maniobra vieron salir de allí quince canoas con unos cien hombres y algunas mujeres, aunque no muchas, entonces:

"se les dio a entender se arrimasen sin miedo, y se acercaron, y comenzaron a comerciar con los nuestros quanto traían en sus canoas, que todo ello se reducía a pieles de nutria y de otros animales no conocidos, a unos sombreros de junco pintados, como los de la punta de Santa Margarita, salvo que en estos vimos que la copa piramidal remata con una bola a modo de perilla, y algunos texidos de un hilo muy semejante al cáñamo, con sus flecos del mismo hilo. Los nuestros les compraron algunas pieles y algunos de los dichos texidos y sombreros a trueque de ropa, de belduques y de conchas de lapas, que habían los marineros recogido en las playas de Monterrey y del Carmelo, y conocimos en estos indios grande afición a dichas conchas y a los belduques. No se vieron en estos indios texidos de lana o pelo como en Santa Margarita. Se les vieron algunos pedazos de fierro y de cobre, y algunos pedazos de cuchillos. Observamos que estos indios son tan bien formados como los de isla Santa Margarita, pero no tan bien tapados o vestidos como aquellos. Se cubren estos con dichas pieles de nutria y otros animales, y de dichos texidos de hilo, y traen su esclavina, que es de hilo de corteza de árbol. Usan pelo largo. Las mujeres que vimos no traen en el labio la rodeta que las de Santa Margarita, por lo que no son tan mal parecidas como aquellas".[26]

En cuanto a este encuentro con los nativos en altura de 49 grados, en la Rada de San Lorenzo, también recogió Pérez Hernández en su Diario que en un principio:

"en este paraje nos salieron muchas canoas de indios que toda la noche nos hicieron guardia por la popa y proa y al siguiente día se arrimaron y nos dieron sardinas y la gente recogió algunos cueros de nutrias y lobos a cambio de conchas de Monterrey. Son muy dóciles y no de tanta viveza como los antecedentes, pero sí tan blancos y hermosos como los otros, son también más pobres y según manifiestan de menor ingenio".[27]

Y más tarde anotó que:

"los indios vinieron por fin al habla y entablaron su comercio de pieles a cambio de conchas que la gente nuestra traía desde Monterrey, recogieron varios cueros de nutria y mucha sardina. No visten como los de Santa Margarita, sino con los cueros arrimados al cuerpo. Hay en sus tierras cobre, pues se les vieron varias sartas como de abalorios que eran de colmillos de animales, y en sus extremos tenían unas hojas de cobre batido, que se conocía haber sido granos sacados de la tierra, y después majado, infiriendo de esto haber algunas minas de este metal. Son estos indios muy dóciles, pues daban sus pieles antes que se las paguen. Son robustos, blancos como el mejor español. Las mujeres dos que vi son lo mismo, usan así ellas como otros algunos indios de zarcillos hechos de hueso y cargado en las orejas, y se ha experimentado y conocido no haber visto de gente de razón antes".[28]

LOS NUU-CHACH-NULTH

En el artículo de Sánchez Montañés[29] podemos leer que para llegar hasta aquí los expedicionarios habían ido descendiendo por la costa exterior de las islas de la Reina Carlota hacia el sur, hasta llegar a la península Hesquiat, donde la fragata Santiago se aproximó tanto, en la entrada meridional del estrecho de Nutka, que se les acercaron varias canoas a comerciar. El lugar donde la fragata echó el ancla fue junto a una desprotegida playa, dos leguas al norte de la punta de San Esteban y cuatro leguas al sureste la punta de Santa Clara. Se encontraban entonces los hombres de Pérez Hernández en territorio de los que actualmente conocemos como nuu-chah-nulth, durante mucho tiempo denominados nutka o nootka, pero más concretamente en territorio mowachaht, siendo Tsitus el poblado más cercano.

Los nuu-chach-nulth, término que proviene de nuučaańuł, que significa a lo largo de las montañas y el mar, habitaron tradicionalmente la región costera entre la Isla Vancouver y la isla de Nutka, abarcando el estrecho de Nutka. Desde un punto de vista lingüístico y etnográfico forman parte de los pueblos wakash, siendo una de sus dos divisiones principales (la otra es Kwak'wala). Hay al menos tres dialectos reconocibles del idioma nuučaańuł: nuu-chah-nulth del norte (hablado en la costa oeste de la isla de Vancouver, desde la península de Brooks hasta Kyuquot Sound), nuu-chah-nulth central (hablado desde el estrecho de Kyuquot hasta el estrecho de Clayoquot en la costa oeste de la isla de Vancouver) y barkley (hablado en las áreas de dentro y alrededor del estrecho de Barkley, en la costa oeste de la isla de Vancouver). Algunos lingüistas reconocen al makah y nitinat como otros dialectos de nuu-chah-nulth, pero no hay consenso entre los especialistas de wakashan sobre su adecuada categorización lingüística. Aunque los nuu-chah-nulth compartían tradiciones, idiomas y aspectos de la cultura wakash, estos estaban divididos principalmente en familias o naciones; cada nación incluía varios grupos locales, liderados por un jefe hereditario (ha'wiih) y cada grupo vivía de los recursos existentes dentro de sus territorios (ha'houlthee). Los grupos de cazadores se desplazaban en grandes canoas con frecuencia, estableciendo campamentos temporales que les permitían aprovechar al máximo los recursos de cada estación. Utilizaban la madera del cedro rojo para construir canoas y casas, y las raíces y la corteza para fabricar sombreros, alfombrillas, cuerdas, etc. Su sociedad estaba dividida en tres clases, nobleza, plebeyos y esclavos. Los jefes, que formaban parte de la nobleza, presidían sus respectivas comunidades y eran los responsables de tomar las decisiones políticas y económicas importantes para su pueblo. En las familias existía una estructura jerárquica similar y los jefes de hogar eran también los encargados de la protección y el bienestar de los miembros de su familia. Varios aspectos importantes de la historia de nuu-chah-nulth fueron sus ceremonias, como el ritual del lobo, y, por supuesto, la caza de ballenas, que, además de suponer una actividad económica, era esencial para su cultura y su espiritualidad, reflejándose en leyendas, apellidos, canciones y topónimos.

Fernando Monge, profesor de antropología e investigador del Centro de Estudios Históricos del Centro Superior de Investigaciones Científicas (CSIC), en su artículo titulado *Mamalnie e indios en Nootka, apuntes para un escenario,*[30] recoge una versión nativa de la historia, que siempre fue oral y escasamente conocida, acercándose a la perspectiva que los naturales pudieron tener del primer contacto con los exploradores hispanos. Explica el profesor Monge cómo mucho tiempo después de que Quautz, el Dios creador de los indígenas de Nutka, modelara al hombre de la mucosidad de la mujer primigenia, los ciervos vieran crecer astas sobre sus cabezas, los perros colas y las aves alas, algunos nativos hesquiat contemplaron con horror cómo una corpulenta máquina iba acercándose poco a poco a su costa. Se trataba de una extraña casa flotante con postes y cuerdas de las que parecían pender calaveras humanas. Los ancianos pensaron que manejaban el artefacto cadáveres humanos compuestos únicamente de huesos. Solamente los más valientes no se escondieron y se atrevieron a acercarse en sus canoas a aquella impresionante mole. Aunque, según fuentes españolas, no llegaron a subir a bordo, parece que recibieron algunos regalos de aquellos seres blancos que pronto comenzarían a frecuentar sus casas. Los llamaron mamalni, que en su lengua significa aquellos que viven en casas flotantes. Aquella casa flotante no era, seguramente, sino la fragata Santiago que, en 1774, al mando de Juan Pérez Hernández avistaba la entrada de Nutka, y las calaveras colgadas que los indígenas creyeron ver eran las vigotas o poleas de la arboladura y el velamen del buque.

CONCLUYE LA EXPEDICIÓN DE HERNÁNDEZ

Allí estuvieron los expedicionarios hasta el día 9 de agosto, intercambiando con los nativos, hasta que como a las seis de la mañana, estando ya la lancha en el agua, se levantó un viento del oeste que les echaba sobre la tierra y les obligó a levar ancla para ponerse a la vela y salir del peligro, pero al anochecer el mucho viento y la marejada los llevaba sobre la costa por lo que tuvieron que cortar el cable y perder el ancla. Fue este encuentro con los nativos en el fondeadero al que bautizaron como la Rada de San Lorenzo (Rada de Nutka en la actual isla de Vancouver, lugar que cuatro años más tarde Cook llamaría King George's Sound), y que, según dijo el capitán, está en 49 grados y 30 minutos de latitud norte. A unos cerros que están al noroeste de la Rada les llamaron los cerros de Santa Clara, y a la punta que está al sudeste se le puso el nombre de San Esteban. Continuaron los hombres de Pérez Hernández su viaje y su derrota y el día 11, que pudieron tomar el sol, se encontraban en 48 grados y 9 minutos de latitud, y observaron un cerro nevado al que llamaron el cerro de Santa Rosalía (es muy posible que estuvieran frente al Mount Rainer, cercano a Portland, cuya altura de 4.932 metros sobre el nivel del mar hace que sus cumbres suelan estar nevadas, y cuya posición de 47 grados se aproxima a la que fijó la expedición de Pérez Hernández).

Durante los dos días siguientes no se pudo observar el sol. El día 13 ya pudieron hacer ciertas mediciones los pilotos en 43 grados y 8 minutos de latitud, aunque parece ser que no quedaron del todo satisfechos de esa observación. Fue el día 14, con buen tiempo, cuando consiguieron hacer una mejor observación y se encontraron en 44 grados y 35 minutos. Según recogió el religioso Tomás de la Peña en su Diario:

> "tiene esta tierra mucha arboleda, que a la vista parece piñería, no solo en la cumbre sino en la falda de los cerros. En la playa se miran algunas mesas sin arboleda con mucho zacate y varias barrancas blancas tajadas a la mar. También se ven algunas cañadas o abras, que corren N.E. a S.O., y en toda la tierra que

este día vimos no divisamos nieve, y quanto más al S. es tierra más baja".[31]

El día siguiente ya estaban en 42 grados y 38 minutos, y no pudieron divisar la costa por causa de la neblina y por navegar apartados de ella, aunque conjeturaba el religioso que:

"estará el cabo Blanco de San Sebastián y aquel famoso río hondable llamado de Martín Aguilar y descubierto por la fragata de su mando en la expedición del general Sebastián Vizcaíno, pues aunque dice la Historia que dicho cabo y río está en los 43 grados, según la observación que hizo el piloto de dicha fragata Antonio Flores, se debe pensar sea menor latitud como se ha hallado menor en los parajes que se ha observado con los nuevos octantes que la que en aquellos tiempos observaron con sus instrumentos".[32]

El día 17 a mediodía se hallaban los expedicionarios en 41 grados y 27 minutos, al día siguiente en 40 grados y al otro en 39 grados y 48 minutos, y fue dos días después cuando divisaron una punta que pensaron que era el Cabo Mendocino, "y siendo así estará el dicho cabo en 40 grados con diferencia de pocos minutos".[33] El día 26 ya estaban cerca de la punta de Reyes y puerto de San Francisco y el día 27 de agosto a las 4 de la tarde dieron fondo en el puerto de San Carlos de Monterrey.

También recogió en su Diario Crespí que durante esta navegación, cuando el capitán observó la latitud del norte de 42 grados y 38 minutos,

"atendiendo a esta observación, y lo que se refiere en el viaje del general don Sebastián Vizcaíno, conjeturamos que por aquí viene a estar el Cabo Blanco de

San Sebastián, y aquel famoso río que descubrió Martín de Aguilar, porque aunque esto lo ponen aquellos antiguos diarios en la altura de 43 grados, pero como se ha observado que en los mismos parajes en que entonces se observaron se ha hallado menor latitud por los nuevos y más arreglados instrumentos, se dice creer que el Cabo Blanco y dicho río han de estar en menos altura que señalan los antiguos, y así puede ser estemos al paralelo de dicho cabo, aunque las neblinas no dan lugar a divisar la tierra".[34]

Esta corrección quedó confirmada también por las observaciones que, según el religioso, hizo el capitán una vez que pasaron el cabo Mendocino, ya que "según sus cuentas y cómputos, que hacia el cabo Mendocino que dejamos arriba, está en la latitud de 40 grados con la diferencia de pocos minutos".[35] De hecho Pérez Hernández anotó en su Diario de navegación que "se halla dicho cabo en altura de 40 grados y 8 minutos Norte y no en la de 41 grados y 45 minutos en que lo sitúan Cabrera, Bueno y Sebastián Vizcaíno".[36]

Finaliza el religioso su Diario doliéndose de no haber podido lograr el principal fin de la expedición,

"llegar hasta los 60 grados y saltar a tierra y plantar en ella la Santa Cruz, quiera su Divina Majestad que este viaje sirva a lo menos para mover el estado de Nuestro Católico Monarca y el cristiano celo del Excelentísimo señor Virrey para que con la mayor luz que ahora se tendrá de estas costas y de la buena gente de que está poblada, y envíen de nuevo otra expedición".[37]

Igualmente, Pérez Hernández en la introducción de su Diario se lamentaba de no haber podido navegar más al norte, hasta llegar a los 60 grados, debido a los malos tiempos experimentados, las enfermedades padecidas por la tripulación, la continua falta de aguada y el hecho de no tener ninguna certidumbre de puerto donde hacerla.

Tras leer los diferentes Diarios resultantes de esta expedición, tanto los escritos por los dos religiosos, como el del alférez Juan Pérez Hernández y, por último, el del segundo piloto Esteban José Martínez, el virrey Antonio María Bucareli redactó una carta a Julián de Arriaga, Secretario de Marina e Indias, dándole cuenta de todo lo sucedido durante el dicho viaje, es decir, de los contactos establecidos con los nativos, de los diecinueve grados de altura que se habían adelantado y del conocimiento adquirido en cuanto a la no existencia de establecimientos extranjeros en esos territorios. Contaba Bucareli en dicha correspondencia que:

> "la costa e indios reconocidos a los cincuenta y cinco grados parecen los mismos de que hablan los rusos en sus exploraciones del año quarenta y uno, y que tal vez los destrozos de la lancha que perdieron será aquella parte de espada y bayoneta que se notó en una de las canoas que acercaron a bordo los gentiles".[38]

Sobre los nativos con los que contactaron los hombres de la expedición de Pérez Hernández en los 49 grados comentó el virrey que "son menos infelices que los de Monterrey, pero no tienen, ni en su trato, ni en su figura, ni en su vestido, las ventajas de los antecedentes".[39] Por su parte, Arriaga envió la documentación remitida por el virrey Bucareli al marino y cosmógrafo Vicente Foz y Funes, para que dictaminase en cuanto a las posesiones rusas, ya que este había tenido la oportunidad de leer sobre todos los viajes que los rusos habían hecho en América, y particularmente sobre el de Tchirikov de 1741, en que se llegó a descubrir tierra por los 55 grados 36 minutos de latitud y 218 de longitud. Tras estudiar toda la documentación estableció Foz y Funes que:

"don Juan Pérez llegó a descubrir por los 55 grados 40 minutos y longitud del mismo meridiano de París 221½ de donde se ve que habiendo llegado ambos a la misma latitud no diferencian en la longitud más que 3 grados y medio, que en aquella altura equivalen a 40 leguas, cuyo error no es sensible en qualesquiera navegación y mucho menos en esta en que los contratiempos, chubascos y falta de observación debían inducirles en mayor error, por lo que no puede quedar ninguna duda de que los dos aterraron a un mismo paraje, confirmándolo también la media bayoneta y pedazo de espada que vieron a los indios, que serían sin duda de los diez hombres que se perdieron con la lancha que envió a tierra Tchirikov".[40]

Asimismo estableció el marino y cosmógrafo que:

"las posesiones rusas distan del cabo de Santa Catalina setecientas cincuenta leguas al Oeste y de la última tierra que descubrió Tchirikov ciento cincuenta leguas y que en los descubrimientos que se continúan no podrá pasarse de los 60 grados, a no ser que se encuentre algún estrecho que separe la tierra descubierta por los rusos del continente de la América".[41]

Notas

1. MECD, AGI, Estado 43, N.9 y N.10.
2. Artículo que se inscribe dentro del proyecto de *Investigación Construcción y Comunicación de identidades en la historia de las Relaciones Internacionales*: Dimensiones culturale

3. Artículo que se inscribe dentro del proyecto de Investigación Construcción y Comunicación de identidades en la historia de las Relaciones Internacionales: Dimensiones culturales de las relaciones entre España y los Estados Unidos, Universidad Complutense de Madrid, 2009-2011.

4. MECD, AGI, Estado 43, N.9, imagen número 35 (folio 16 recto).

5. MECD, AGI, Estado 43, N.9.

6. MECD, AGI, Estado 43, N.10.

7. Ibídem.

8. Ibídem.

9. MECD, AGI, Estado 38A, N.3.

10. Ibídem.

11. MECD, AGI, Estado 38A, N.3, imagen 97 (folio 40 recto).

12. Ibídem.

13. Sanchéz Montañés, Ob. cit.

14. Museo de América de Madrid, Patito, Amuleto Haida, número de inventario 13.042.

15. Brown, Steven C. *Native Visions: Evolution in Northwest Coast Art from the Eighteenth through the Twentieth Century.* The Seattle Art Museum and the University of Washington Press, Seattle, WA & London, UK, 1998.

16. MECD, AGI, Estado 38A, N.3.

17. MECD, AGI, Estado 43, N.9, imagen número 35 (folio 16 recto). Museo de América, Inventario 13042. https://bit.ly/3jRQ7Um

18. Sánchez Montañés, Ob. cit.

19. MECD, AGI, Estado 43, N.9.

20. Ibídem.

21. Ibídem.

22. Ibídem.

23. Ibídem.

24. MECD, AGI, Estado 43, N.10.

25. Ibídem.

26. Ibídem.

27. MECD, AGI, Estado 38A, N.3.

28. Ibídem.

29. Sánchez Montañés, Ob. cit.

30. Monge, Fernando. *Mamalnie e indios en Nootka, apuntes para un escenario,* en Revista de Indias, vol. LIX, num. 216, Instituto de Historia, CSIC, Madrid, 1999.

31. MECD, AGI, Estado 43, N.9.
32. Ibídem.
33. Ibídem.
34. MECD, AGI, Estado 43, N.10.
35. Ibídem.
36. MECD, AGI, Estado 38A, N.3.
37. MECD, AGI, Estado 43, N.10.
38. MECD, AGI, Estado 20, N.1 y N.10.
39. Ibídem.
40. Ibídem.
41. Ibídem.

8. Expedición de Bruno de Heceta

Debió alegrarse el virrey al ratificar lo que realmente a él y a la Corona le interesaba, que no era otro asunto más que el de confirmar si existían o no asentamientos de otras naciones en la costas septentrionales, más allá del presidio y puerto de San Carlos Borromeo de Monterrey, lo cual sí que se había logrado, ya que tras esta expedición de Pérez Hernández no quedó ninguna duda, ni para los expedicionarios ni para el Virrey, en cuanto a que los únicos habitantes de aquellas costas, al menos hasta los 55 grados de altura, solo eran los naturales de esos territorios. No obstante, el virrey Bucareli quiso cumplir con uno de los requisitos de cualquier viaje de exploración, que no se había conseguido en el viaje de Pérez Hernández, y que suponía el hecho de tomar posesión en nombre del Rey de los territorios hasta entonces desconocidos, por lo que un segundo viaje se preparó de manera inmediata.

También se contó en este viaje con la participación de Pérez Hernández (este sería el último de su vida), y así, solo unos meses después de que sus barcos hubieran regresado al puerto de San Blas, una nueva expedición zarpó hacia el norte. En esta ocasión la orden del virrey Bucareli era que la fragata Santiago la mandará el teniente de navío don Bruno de Heceta (o Ezeta), por ser más antiguo y porque lo había solicitado con deseo de aumentar su mérito; por segundo, y como primer piloto y práctico, iría el alférez de fragata don Juan Pérez, con la misma tripulación que acababa de llegar, reemplazando a los que no estuviesen en estado de navegar.

En cuanto a las instrucciones, estas en principio serían las mismas que llevó Pérez Hernández, "encargando muy particularmente que se tome mayor altura",[1] pero, además, en esta ocasión los expedicionarios debían tomar posesión de todas las tierras descubiertas y cartografiar la costa desde Monterrey hacia el norte. Junto con Pérez Hernández, también acompañaría a Heceta en este viaje el limeño Juan Francisco de la Bodega y Quadra. Sobre el desarrollo de este nuevo viaje y sus resultados existen diferentes e interesantes documentos, como el Diario de navegación de Heceta,[2] el Diario redactado por el segundo piloto de la goleta Sonora, Francisco Antonio Maurelle,[3] el de Juan Manuel de Ayala a bordo del paquebote San Carlos, alias el Toisón de Oro,[4] y el Diario de fray Miguel de la Campa, capellán de la fragata Santiago,[5] así como los testimonios de posesión del puerto de la Trinidad, de la Rada Bucareli, del puerto Bucareli y del puerto de los Remedios,[6] y todos los planos y mapas que resultaron de este viaje.[7]

A mitad de marzo de 1775 las naos de esta expedición partieron desde el puerto de San Blas hacia el norte, con unos ciento sesenta hombres a bordo (novohispanos o mexicanos en su mayoría) y provisiones para un año. Según el Diario de Heceta (Ezeta o Hezeta) no fue hasta el día 9 de junio cuando vieron a los primeros nativos, probablemente yurok, "desnudos y con el pelo desatado",[8] que se acercaron en canoas hasta ellos e intercambiaron pieles con la marinería. Ese mismo día consiguieron fondear tanto la fragata como la goleta y al día siguiente bajaron los expedicionarios a tierra para tomar posesión del que llamarían el puerto de la Trinidad (cerca de Eureka), por ser ese el día de la Santísima Trinidad, y celebrar misa. Estaban en altura de 41 grados y 7 minutos, a mitad de camino entre el cabo Mendocino y el cabo Blanco. Allí permanecieron durante varios días estableciendo una buena relación con los nativos, tanto de la playa como de las inmediaciones. El día 14 al pasar revista vieron que faltaban dos grumetes, José Antonio Rodríguez y Pedro Lorenzo, que, tras haber permanecido de forma voluntaria con los nativos, regresaron varios días después a la fragata. El día 18 ya estaba concluido el plano del puerto y fueron a explorar un río cercano al que llamaron río Tórtolas (actual río Little, en el condado de Humboldt). Permanecieron los expedicionarios allí hasta el día 19 de junio, así que Heceta tuvo tiempo para observar a los nativos, y recogió en su Diario que eran:

"de mediana corpulencia, robustez y agilidad, sin hermosura en uno y otro sexo; la color trigueña, el pelo largo y lacio, ojos negros y alegres, barbilampiños. No usan los hombres de ninguna vestidura, ni aún para ocultar lo más deshonesto, y sólo en el caso de que les obligue el frío se cubren de pieles bien adobadas de venados, cíbolos, berrendos, osos, nutrias y de una especie de mantas tejidas de pellejo de conejo y otros (...) las mujeres se cubren desde la cintura hasta las rodillas de un faldellín de badana o hierbas, que unos rematan en diferentes hilos como fleco y en otros empieza y acaba así (...) este sexo gusta de los abalorios, pero no hacen mayor aprecio de las bayetas y paños (...) Estos indios son de genio apacible, dócil y tímido. Aman, distinguen y obedecen al más viejo, que gobierna con sus consejos y, en mi inteligencia, se compone cada ranchería de solo la descendencia de éstos (...) El hierro es metal de que hacen mayor estimación porque conocen las ventajas de éste en el uso de las armas. Las que usan son la flecha, lanza, cuchillo o puñal, cuyas puntas y filos son de pedernal bien trabajadas. Sirvénse también de cuchillos de hierro, que generalmente los traen pendientes del cuello por medio de un cordón, y quando tratan con desconfianza lo tienen asido de la mano. Con extrema curiosidad indagué varias veces de dónde o con quién habían cambalachado aquellos hierros. Todos unánimes respondían señalando la costa hacia el Norte, a excepción de uno, que el suyo lo había fabricado de un clavo que estaba asido en el fragmento de una embarcación que la mar había arrojado a la playa. Cuando van a la guerra o tratan con enemigos se pintan el rostro o cuerpo de negro y otros colores, creyendo, sin duda, los hace más horribles y temibles".[9]

También recogió Heceta datos sobre la flora de la zona y destacó en su Diario la existencia de la planta del orégano en aquellos territorios: "las plantas que pude conocer son: orégano, apio, fresas, yerbabuena, manzanilla, lirios y rosas de Castilla".[10]

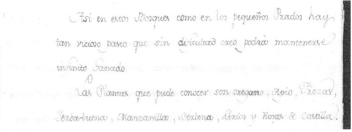

FIGURA 6. *Copia del Diario de navegación que hizo el Teniente de navío Don Bruno de Heceta en la fragata Santiago, alias la Nueva Galicia, que fue a los descubrimientos de las costas septentrionales de California desde el Departamento de San Blas, del 16 de Marzo a 20 de Noviembre de 1775*. Primera referencia a la existencia de la planta del orégano en el Diario de Heceta.[11]

LOS YUROK

Seguramente los nativos que observó Heceta eran los yurok y la aldea hasta la que fueron los dos grumetes era Chuerey (Tsurai). Los yurok, cuyo nombre proviene de la palabra karut o río abajo, estaban establecidos a lo largo de la costa del Pacífico y del río Klamath, desde el arroyo Damnation al norte hasta el sur del río Little, con aldeas situadas a lo largo de la costa y del río Klamath. Tradicionalmente, las personas yurok que vivían en la región superior del río Klamath eran pe-cheek-lah, las de la región inferior del río Klamath puelik-lah y las de la costa ner-er-ner. Todos ellos hablaban un idioma macro-algonquiano y estaban relacionados cultural y lingüísticamente con los wiyot. Sus vecinos eran los tolowa en el norte, los wiyot en el sur y los karuk en el este. Como su territorio tradicional se encontraba en la frontera entre áreas culturales y ecológicas distintas, los yurok combinaron las prácticas típicas de subsistencia de la costa noroeste con muchas características religiosas y organizativas comunes a los indios de California. Las aldeas tradicionales yurok eran pequeños núcleos de casas independientes construidas con madera de secuoya, propiedad cada una de ellas de distintas familias, evitando así las comunidades unificadas y una autoridad política general. Las familias y/o casas dentro de las aldeas poseían derechos sobre áreas específicas de recolección de recursos, como espacios de pesca, lugares de acopio de bellotas y áreas de caza, privilegios que parece ser eran adquiridos por herencia o por dote. Los residentes de cada aldea a veces compartían los derechos a las áreas de subsistencia y también la realización de ciertos rituales. En el río conseguían salmones, esturiones, anguilas y otros peces, y en la costa mejillones, almejas y otras especies; también cazaban venados, alces y animales más pequeños, y en los campos cerca de las montañas recolectaban bellotas y otros frutos. Producían una excelente cestería y también fabricaban canoas con árboles de secuoya que incluso vendían a las tribus del interior.

El día 19 de junio salieron los navíos de Heceta del puerto de la Trinidad. Al día siguiente fondearon en una playa cercana y un día después continuaron la navegación hasta el 14 de julio, cuando Heceta bajó de nuevo a tierra, en 47 grados y 24 minutos, para bautizar la ensenada como la Rada de Bucareli, en honor del virrey mexicano (actual Bahía de Grenville, en la frontera entre el Estado de Washington y Canadá). Por su parte, la goleta se vio obligada a fondear un poco más alejada por culpa de la presencia de unos bajos, y lo hizo a sotavento del actual Cabo Elizabeth, al sur de la boca del río Quinault. En la Rada de Bucareli tuvo también Heceta contacto con los nativos, aunque allí solo se presentaron en tierra seis indios mozos, sin armas, con los que intercambiaron pescados por abalorios. Después vio a otros nueve nativos que se acercaron a la fragata, estos "eran de rostro hermoso, color en unos rubio y en otros oscuro, todos corpulentos, bien hechos. Su ropaje se componía de pieles de nutria, con que se cubren de la cintura arriba".[12] No se relacionaron los expedicionarios de la fragata con ellos; sin embargo, antes de partir, observó Heceta que la goleta tenía dificultades para hacerse a la vela y que hacía señales de hallarse en peligro, por lo que envió una lancha hasta ella. A su vuelta le llevaron un escrito del comandante en el que este le contaba que cuando siete de sus hombres fueron a hacer aguada a tierra se vieron cercados por trescientos o más indios, que habían pasado a cuchillo a cinco de ellos, y que de los otros dos no se sabía nada. No obstante esa relación, decidió Heceta hacerse a la vela y no actuó contra los naturales por varias razones, entre ellas, y fundamentalmente, porque las instrucciones de su viaje establecían que sólo podían atacar a los indios para defenderse. Antes de partir decidieron bautizar el lugar donde ocurrió el fatal encuentro con los nativos como Punta de los Mártires (actual Punta de Grenville), en recuerdo de los fallecidos.

LOS QUINAULT Y LOS QUILEUTE

No podían saber entonces los exploradores que se habían adentrado en aguas disputadas en ese momento por dos tribus en conflicto, los quinaults y los quileutes, vecinos ambos al sur de los makahs. Según Joshua L. Reid en su obra *The Sea is my Country: The Maritime World of the Makahs*,[13] la actitud pacífica de unos (los quileutes) y la reacción agresiva de los otros (los quinaults) indica que se trataba de dos tribus diferentes, tal y como fue recogido en las historias orales de los quinaults. Aquellos que se acercaron a la goleta Sonora llevaron carne de ballena y pescado, y estos debían ser quileutes, ya que ellos disfrutaban de un mejor acceso a la carne de ballena, algo que habría sido bastante improbable por parte los quinaults, puesto que estos solo conseguían carne de ballena de manera ocasional. Cuando algunos tripulantes de la Sonora bajaron a tierra lo hicieron en la boca del río Quinault, en territorio quinault y cerca de Taholah, una de sus aldeas. Seguramente cuando las canoas de los quileutes regresaron tras la emboscada Quinault, estos se habían armado para luchar contra los quinaults, no para atacar a los de la goleta.

La posición del navío español sugiere que los quileutes se habrían adentrado en aguas de los quinaults, amenazando así su control sobre ese espacio, y los quileutes seguramente se armaron en un intento de aliarse con los españoles frente a sus rivales. Los exploradores, por su parte, intentaban adquirir nuevos espacios geográficos para la Corona, por lo que tomaron posesión plantando una cruz en la tierra, una acción que algunos quinaults posiblemente vieron desde la seguridad del bosque que les ocultaba. De cualquier modo, el hecho de que los quinaults atacasen a los hombres de la goleta pudo deberse quizás a que les molestó que estos tomasen agua y madera de sus ríos y bosques, aunque también pudo ser para castigarles por haber comerciado dentro de sus aguas con sus rivales quileutes.

Los quinaults que se enfrentaron a los expedicionarios eran nativos que llevaban el nombre de su asentamiento más grande (Kwi´nail, actual Taholah), situado en la desembocadura del río Quinault. Su territorio original se extendía río arriba hasta el lago Quinault y a lo largo de la costa del Pacífico desde la desembocadura del río Raft hasta el arroyo Joe, cerca de la playa llamada Pacific. Eran una de las sociedades de la costa de la península Olímpica del Estado de Washington. Estas sociedades incluían, de norte a sur, los makah (en el cabo Flattery), los ozette, los quilleute, los hoh, los queets (muy similares a los quinault en cuanto al idioma y las costumbres), los quinault, los copalis-oyhut, los chehalis, los shoalwater salish, los willapah y los chinook en el estuario del Columbia. Todas ellas eran sociedades relativamente pequeñas, relacionadas entre sí por el comercio, los matrimonios y también los conflictos. Sus costumbres fueron siempre muy parecidas a las de las otras tribus de la cultura de la costa Noroeste, como los haida, los nootka y los kwakliut. Al igual que el resto de sus vecinos eran cazadores-pescadores-recolectores, se alimentaban de los recursos que les ofrecía tanto el mar como los bosques que les rodeaban, de los que obtenían troncos de madera de cedro para sus canoas, tablas para la construcción de sus casas y corteza con la que confeccionar alguna ropa y ciertos utensilios. En la actualidad su lengua forma parte de la familia salish.

Por su parte, los quileute (Kwi li Ut o Quillayute) habitaban, también desde hace miles de años, parte del territorio del Estado de Washington, extendiéndose este a lo largo de las costas del Pacífico desde los glaciares del Monte Olimpo. Su idioma pertenece a la familia de las lenguas chimakuan, y el lenguaje quileute es uno de los cinco idiomas conocidos por no tener ningún sonido nasal (es decir, ni m, ni n). Como otras tribus de la región, la alimentación de los quileutes dependía de la pesca de los ríos y del océano Pacífico, por lo que fueron excelentes fabricantes de botes y canoas; estas últimas eran de gran tamaño y se empleaban para la caza de ballenas (fueron grandes balleneros, junto con sus vecinos, los makah,). También construyeron casas de tablones en las que protegerse de los fríos inviernos de las montañas Cascade, fabricaron herramientas y fueron famosos tanto por sus finas canastas tejidas como por sus mantas, además de por todos los utensilios e incluso ropa que conseguían a partir de la corteza y la madera de los cedros de los bosques que les rodeaban.

CONTINÚA LA EXPEDICIÓN DE HECETA

Desde el día 14 de julio hasta el 19 tuvieron los expedicionarios vientos calmosos, entonces Pérez Hernández les informó del elevado número de enfermos a bordo y de la dificultad para continuar navegando más hacia el norte, por lo que el día 24 el resto de los oficiales de mar apoyaron su decisión de regresar. El día 30 desde la fragata Santiago perdieron de vista a la goleta; no obstante, continuaron y alcanzaron los 50 grados y 40 minutos, hasta que el día 11 de agosto, viendo ya que gran parte de la marinería estaba enferma, comenzaron la navegación de regreso. Un día después, en altura de 49 grados volvieron a ver cuatro canoas de nativos que se acercaron al buque y con los que canjearon algunas pieles de nutria, pudiendo observar que sus semblantes y sus trajes eran muy parecidos a los de la Trinidad. Seguramente se trataría de indios hoh, tribu que compartía, y aún lo hace, lenguaje y costumbres con los quileutes y los quinault. De estos últimos parece que tomaron el nombre del río Hoxw, mientras que los que hablaban quileute llamaban a su río Cha'lak'at'sit, que significa río del sur, y a ellos mismos Cháláat o Chalat´, gente del río del sur. Vivían en asentamientos a lo largo de las orillas del Hoh, en la península Olímpica, donde ponían trampas para capturar a los peces que atravesaban el río, y también subían con sus canoas río arriba para cazar, recolectar frutos y madera y realizar sus ceremonias y rituales. Así, la cuenca del río Hoh era su territorio tradicional.

Siguieron los hombres de Heceta bajando, y en 47 grados y 58 minutos vieron una isla a la que, en recuerdo de los expedicionarios asesinados por los naturales, pusieron el nombre de Dolores (y que los ingleses nombrarían unos años más tarde isla de la Destrucción, debido también a un enfrentamiento que allí tuvieron con los indios hoh, que solían frecuentar dicha isla para capturar aves), y esa misma tarde se volvieron a acercar a la fragata unos nativos con sardinas y pieles para intercambiar, y algunos hombres de la tripulación dijeron que dos de ellos eran los mismos que el día 14 de julio se habían acercado al buque en la Rada Bucareli y habían sido cómplices en la traición que sucedió a la goleta. Intentó Heceta comunicarse con ellos para recabar información sobre los dos marineros que habían desaparecido, pero no consiguió hablar con ellos y continuó su navegación. Pasaron el estrecho de Juan de Fuca sin verlo y el día 16 por la tarde, estando en 46 grados, descubrieron una gran bahía que nombraron Asunción; intentaron fondear en ella, pero las fuertes corrientes se lo impidieron y les hicieron pensar que estaban cerca de un gran río o de un posible paso hacia otro mar. No consiguieron bajar entonces a tierra, pero sí elaborar un plano de la bahía y de sus dos cabos, Frondoso y San Roque (actuales Cabo Disappointment y Cabo Adams), donde se puede distinguir el estuario del río Columbia (también llamado Entrada de Heceta y río San Roque); este sería el primer plano elaborado por los expedicionarios hispanos en el que aparece explícitamente la costa del actual Estado de Oregón, o al menos el primero que se ha conservado en los Archivos españoles.

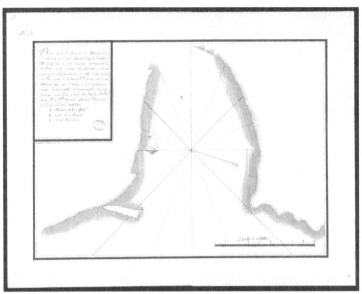

FIGURA 7. *Mapa de la bahía de la Asunción, o entrada de Heceta, entre los cabos San Roque y Frondoso, en la costa del Pacífico noroeste, correspondiente a la expedición de reconocimiento hecha en 1775 por el teniente de navío Bruno de Heceta y Dudagoitia, por orden de Antonio María de Bucareli y Ursúa, virrey de Nueva España, 1775.* Primer mapa elaborado por los expedicionarios hispanos en el que aparece explícitamente la costa del actual estado de Oregón. Presenta la bahía de la Asunción, con la letra A, en el estuario del río Columbia, que se abre entre el cabo San Roque (actual Cape Disappointment), representado con la letra B y el cabo Frondoso (actual Point Adams o Tillamook Head), con la letra C.[14]

Continuaron navegando los expedicionarios, y en altura de 45 grados y 58 minutos hallaron un cabo al que bautizaron como Diligencia, después, en 45 grados y 28 minutos, nombró Heceta el cabo Falcón (en la costa de la actual Tillamook) y a una montaña plana la llamó Mesa (después sería rebautizada por Lewis and Clarke como Clarke´s Point of View), y en 45 grados y 30 minutos a tres farallones o mogotes que observaron les pusieron el nombre de las Tres Marías (seguramente las actuales Three Arch Rocks, en el cabo que Vancouver llamó Lookout). Al llegar a la altura de 42 grados y 30 minutos demarcó la fragata el cabo Blanco de San Sebastián, y por la observación del sol estableció Heceta que se hallaba en 42 grados y 10 minutos. El día 26 recalaron sobre el cabo Mendocino, situado por la observación de aquel día en 40 grados y 7 minutos, el día 29 de agosto alcanzaron el puerto de Monterrey, con una gran parte de la tripulación enferma, y finalmente llegaron al puerto de San Blas el 20 de noviembre.

OBSERVACIONES DE FRAY MIGUEL DE LA CAMPA

También fray Miguel de la Campa recogió en su Diario el encuentro que se produjo con los nativos el día 9 de junio en el puerto de la Trinidad, y las visitas que realizaron a su ranchería. Llamó la atención del religioso que estos tuviesen plantado tabaco y gustasen de fumarlo en pipa, y que:

> "los hombres andan del todo desnudos y solo usan por defenderse del frío unos cueros de venado agamuzados, con el pelo que le ponen por dentro para mayor abrigo. Con lo mismo se cubren las mujeres, que, a más de eso, hacen para atrás un género de enaguas de lo mismo, las que procuran adornar con sus labores de palma, y por abajo les dejan muchas tiras muy delgadas a manera de fleco, y por delante unos delantares de carrizos. Usan también las mujeres rayarse la barba con tres rayas negras, que les afea mucho. Los hombres con varias cenefas se rayan los brazos. Todos usan pelo largo, menos los muchachos y muchachas, que lo traen cortado, y en esto se distinguen los que no son casados".[15]

Contó el religioso que se mostraron los indios tan amigos que ayudaron en los trabajos de hacer agua y leña, e incluso comieron todos juntos en la playa. También recogió fray Miguel algunos datos sobre la flora, indicando que estaba "la tierra llena de pasto y muchas hierbas y flores, rosa de Castilla, lirios, manzanilla y hierbabuena, apio, poleo, orégano, verbena y otras hierbas olorosas que comen los indios, que también nos dieron moras".[16]

Sobre la segunda vez que saltaron a tierra para tomar posesión de ella, en el lugar que bautizaron como Rada Bucareli, el día 14 de julio, incide el religioso en la falsedad de los indios, pues mientras que con ellos se mostraron cordiales y amigables estaban planeando el ataque a los marineros que bajaron de la goleta a tierra para hacer aguada, despedazando a cinco de ellos y desapareciendo otros dos en el agua. Recogió fray Miguel en su Diario que estos indios:

> "son blancos, de pelo rubio y buena estatura. Usan de arco y flechas y, a más de esto, tienen unos pedernales en forma de rejón que ponen en unos palos largos como los que se usan en las lanzas. Usan de unas especies de cueros de gamuza bien sobadas, tan blancos como los cueros que tienen los soldados en los presidios, los que tienen las figuras de mangas estrechas, que les cubren hasta abajo de las rodillas, en las que pintan las calaveras de los que tal vez han sido despojos de su traición, y ellos las ponen como trofeos de su valor. Las mujeres usan de enaguas como las que ya dije del puerto de la Trinidad y se agujerean las narices, y en ellas se ponen un anillo, el que llevaron las que fueron a bordo de la goleta. Me dijo el capitán que le pareció ser de cobre. Los hombres andan desnudos y para el frío usan cubrirse con cueros de nutria o de venado agamuzado. Hacen muchos agujeros en

las orejas y de ellos cuelgan muchas conchas pequeñas de varios colores".[17]

Refirió también el religioso en su Diario cómo desde la goleta
habían visto el ataque de los nativos, "incluso les pareció que
llevaban los cuartos de la gente y los pedazos de la canoa
en la que habían ido a hacer aguada",[18] así que se mostraron
recelosos cuando estos se acercaron hasta la proa, y cuatro
marineros les hicieron frente con un pedrero y tres fusiles,
pereciendo al menos seis de los indios, mientras que en la
fragata nada se sabía porque estaba como a una legua de
distancia.

Ya navegando de regreso, el día 13 de agosto en altura de 49
grados y 5 minutos, volvieron a encontrarse con varias canoas
de nativos con los que intercambiaron pescados y una canoa
por un sable. De estas gentes anotó el religioso que:

> "usan para cubrirse una ropa de cáñamo. Con uno
> como delantal se cubren de la cintura para abajo y,
> para el pecho, lo hacen más pequeño con su fleco por
> abajo, y puesto tiene figura de muceta. Usan de som-
> breros de palma, unos tienen figura de almirez y otros
> parecen borlas de médico. Tienen para pescar arpo-
> nes de hueso. A más del arco y flechas usan lanzas
> de hueso, pues con un marinero cambalacharon un
> arpón y una lanza".[19]

A los dos días, a la altura de la sierra que los anteriores expedicionarios habían llamado de Santa Clara, volvieron a ver
una canoa de indios y algunos marineros dijeron que eran
los que mataron a los de la goleta, y aunque intentaron cap-
turarlos, para ver si conseguían saber algo de los dos hombres desaparecidos, no pudieron porque los nativos huyeron.
Continuaron navegando de regreso hasta la bahía que llama-

ron de la Asunción (y que no era sino la desembocadura del río Columbia, pero no lo reconocieron) y las sierras altas que nombraron Montefalco, por haberlas descubierto el día de Santa Clara de Montefalco, y después hasta alcanzar el cabo Mendocino para llegar finalmente a Monterrey el día 29 de agosto, con treinta y seis marineros enfermos de escorbuto y otros de diferentes dolencias, que todos juntos sumaban cincuenta enfermos de noventa y dos que formaban la tripulación.

Unos días después, la goleta, que se había apartado del resto de la flotilla el día 31 de julio, llegó al puerto de Monterrey, y entonces fray Miguel de la Campa anotó también en su Diario las noticias recibidas de Juan Francisco de la Bodega y Quadra. Le había contado el capitán que en su navegación habían alcanzado la altura de 57 grados y 18 minutos "y en un puerto que llamaron de los Remedios tomaron posesión e hicieron aguada y leña (...). Notaron que estos indios son de color negro y feos, que no usan flechas sino una lanza que manejan con gran destreza".[20] Debían ser estos nativos Tlinglit, y encontrarse los expedicionarios cerca de lo que hoy es Sitka. El día 21 de agosto continuaron su navegación, pero al día siguiente, hallándose en los 58 grados, eran los fríos tan excesivos que resolvieron regresar recorriendo la costa. Cuando llegaron hasta los 55 grados y 17 minutos hallaron un gran brazo de mar y buenas playas donde fondear, así que el día 24 tomaron posesión y le dieron por nombre al dicho lugar la Entrada de Bucareli. Allí hicieron agua y leña, y gracias al buen tiempo que experimentaron se pudo reforzar la marinería. El día 26 salieron a reconocer una isla que tenían a la vista, a la que dieron el nombre de San Carlos (actual isla Forrester), y a un cabo cercano lo llamaron de San Agustín (actual cabo Muzon), después, con la tripulación ya algo recuperada, siguieron navegando hacia el norte, llegando a la altura de 65 grados y 40 minutos, pero los vientos les impidieron la navegación y les obligaron a emprender el camino de regreso a Monterrey, donde finalmente dieron fondo el día 7 de octubre. También le contó Francisco de la Bodega y Quadra al religioso que fue a la salida del puerto de Monterrey, camino del de San Blas, cuando el día 2 de noviembre murió el segundo capitán Juan Pérez Hernández, al que se le dio sepultura marítima con salva de fusiles y cañón.

LOS ESCRITOS DE FRANCISCO ANTONIO MAURELLE SOBRE EL PUERTO DE TRINIDAD

Por su parte, Francisco Antonio Maurelle, segundo piloto de la goleta Sonora, también redactó un Diario durante el viaje. En él recogió que en el puerto de la Trinidad, en 41 grados y 7 minutos, concurrieron a la playa más de trescientos indios y que ellos, durante su estancia en dicho puerto, "emplearon el cuidado de observar los movimientos de los indios, su modo de vivir, moradas, vestidos, régimen, dominios, ritos de su ley, voces, armas de su uso, a lo que más se inclinaban, sus cazas y pesca",[21] y llamó la atención del piloto el hecho de que "en los párpados de las orejas traen dos tornillos semejantes a los de la culata de un fusil".[22] En cuanto a las mujeres, anotó el piloto en su Diario que "ellas usan en las orejas los mismos tornillos de hueso que se ponen los hombres".[23] También recogió Maurelle que:

> "la tierra estaba inundada de hierbas silvestres, como los prados europeos, con un verde y olor que hace agradable la vista y olfato, entre las quales se veían rosas de Castilla, orégano, lirios, apio, cardo, manza-

nilla, y otras infinitas comunes del campo. También vimos fresas, moras de moral, las mismas de zarza, cebollas dulces y criadillas de la tierra, todo con mediana abundancia, particularmente en la inmediación a los ríos, y observamos entre las hierbas una semejante al perejil, aunque sin olor, que la tomaban los indios, la majaban y con grava de cíbolo la mezclaban y comían".[24]

En cuanto al desencuentro con los nativos en el puerto de la Trinidad contó el segundo piloto que ellos se encontraban como a media legua distante de la fragata, en una zona de bajos, por lo que decidieron esperar a la pleamar para salir de allí. En un primer momento los indios se acercaron hasta ellos para ofrecerles pescado y carne, y después se retiraron a su ranchería; al día siguiente se volvieron a acercar e intercambiaron algunas pieles de animales. Siete marineros de la tripulación, convencidos del carácter amigable de los indios, echaron una canoa al mar para ir hasta la playa y hacer aguada y leña cerca del río, pero una vez allí se encontraron con unos trescientos indios que les atacaron y mataron a cinco de ellos, mientras que otros dos consiguieron echarse al agua. Entonces, desde la goleta, dispararon pedreros y fusiles para asustar a los indios, y también hicieron señas a los de la fragata para avisar del peligro en el que estaban, aunque aquellos no los vieron. Nada pudieron hacer, solo esperar a que los indios se retirasen, y no volvieron a ver a los hombres de la tripulación que habían bajado a hacer aguada, ni tampoco la canoa. Regresaron al día siguiente los indios con la clara intención de atacarles, pero los expedicionarios tiraron de fusil y lograron ahuyentarles, poco después se reunieron con la fragata y en una Junta discutieron si debían responder al ataque o no, finalmente los oficiales decidieron retirarse y continuar con la navegación.

ÚLTIMAS ETAPAS DE LA EXPEDICIÓN DE HECETA

También registró con detalle Maurelle la navegación que realizaron desde que el día 1 de agosto perdiesen de vista la fragata y ellos continuasen rumbo al norte. En su Diario contó que el día 17, en 57 grados y 2 minutos, avistaron una cumbre cubierta de nieve desde la que salían anchos canales, a la que llamaron San Jacinto (actual monte Edgecumbe), también bautizaron un cabo cercano como cabo del Engaño. Se encontraban en la punta suroeste de la isla Kruzoff, en el archipiélago llamado por los rusos de Chichagoff y por los ingleses de Alexander, y a unas tres leguas por la parte norte del cabo encontraron un buen puerto en el que fondear al que le pusieron de nombre Guadalupe. Bautizó De la Bodega esa ensenada como la del Susto (más tarde sería nombrada Norfolk por James Cook, posteriormente Fleurieu en su mapa publicado en 1801 la nombraría bahía Tchinkî-tâne, en un intento de usar topónimos tlingit, y actualmente se denomina estrecho de Sitka). Allí volvieron a ver nativos en canoas, pero no tuvieron contacto con ellos, y continuaron navegando hasta el puerto que nombraron de Los Remedios (actual ensenada de Salisbury o bahía de Sea Lion), en 57 grados y 18 minutos, donde desembarcaron en tierra para tomar posesión de ella, siguiendo todos los requisitos que prevenían las instrucciones dadas por el virrey de la Nueva España. También en ese lugar se encontraron con indios, pero no llegaron a tener ningún trato con ellos, aunque pudieron observar que no gastaban flechas como los que hasta entonces habían visto, y sí lanzas que manejaban con suma destreza (lo que nos hace pensar que eran nativos tlingit, ya que su armamento ofensivo estaba compuesto básicamente por lanzas cortas y arpones). Permanecieron allí hasta el día 21, que se hicieron a la vela, y un día después estaban en altura de 58 grados. Desde aquel lugar empezaron a bajar hasta que fondearon en altura de 55 grados y 17 minutos en un puerto al que llamaron de Bucareli, en el que también tomaron posesión y obtuvieron agua y leña. Desde allí fueron hasta la isla de San Carlos y al cabo de San Agustín. El día 27 se hicieron a la vela, y durante unos días intentaron reconocer la gran entrada que se perdía en el horizonte, creyendo que se trataba de la desembocadura de un gran río (actual entrada Dixon), pero eran tantos los enfermos que tenían a bordo que, junto con los mares picados y los vientos que sufrieron, decidieron volver de inmediato al puerto de Monterrey. En el camino de regreso, cuando se hallaban en 55 grados, sufrieron un temporal que casi les hizo zozobrar. En la latitud de 49 grados empezaron a acercase de nuevo a la costa, con la intención de buscar el famoso río de Martín Aguilar, que no encontraron, y desde los 47 grados y 30 minutos comenzaron a reconocerla, y así fueron bajando en busca del puerto de San Francisco. El día 3 de octubre, estando en 38 grados y 18 minutos, entraron por una ensenada, después de haber doblado una punta a la que llamaron del Cordón (actual Punta Sand), y en otra punta cercana, que se llamó de las Arenas, dieron fondo, llamando al dicho puerto el de la Bodega, donde volvieron a tener contacto con los nativos y a intercambiar regalos.

LOS MIWOK

Era todo este el territorio de la costa Miwok, cuyos habitantes eran llamados también mokelumni, m,ewuk o meewok, términos que significan personas u hombres. Parece ser que su grupo lingüístico era de la familia de las lenguas utianas (miwok-costanoano) y que sus tierras tradicionales se localizaban en la Sierra Nevada y en las orillas del río San Joaquín, donde vivían en varios grupos diferentes. Así, los sierra miwok eran los que habitaban la larga ladera occidental y estribaciones de Sierra Nevada, entre los ríos Fresno y Cosumnes, y en la zona del valle que se cruza con los deltas del San Joaquín y el Sacramento; los coast miwok vivían desde el estrecho Golden Gate, hacia el norte hasta la Punta de Duncan y hacia el este hasta el arroyo de Sonoma, y, finalmente, también había miwok ubicados en el área del lago, en la cuenca del lago Clear y la orilla sur del arroyo Cache. Los que vivían a los pies de las colinas o en las tierras bajas lo hacían en casas subterráneas cubiertas de tierra, se desplazaban a las montañas únicamente en verano o para cazar, y entonces vivían en abrigos de montaña o en cobertizos. Se alimentaban mediante lo que obtenían de sus actividades de pesca, caza y recolección de alimentos, y además confeccionaban una muy elaborada cestería. Con todos esos productos comerciaban con otros pueblos de la zona, como los ohlone. Los miwok con los que De la Bodega y Quadra estableció contacto podían ser de las aldeas Helapattai, Hime-takala, Ho-takala o Tokau, ya que todos ellos eran gentes que habitaban la bahía que él bautizó con el nombre de Bodega, pero si tenemos en cuenta que realmente no fue allí donde De la Bodega fondeó, sino que lo debió hacer en la cercana bahía de Tomales, quizás la tribu o aldea miwok con la que tuvo contacto fuese la de Utumia.

Tras la parada realizada en el dicho puerto, el día 4 los hombres de Juan Francisco de la Bodega se hicieron a la vela y el día 6 estaban ya en el puerto de San Francisco, desde donde navegaron hasta el de Monterrey, donde llegaron con tanta marinería enferma que Heceta les tuvo que mandar una nueva tripulación sacada de entre su gente para poder continuar hasta el puerto de San Blas.

De todo lo sucedido en esta expedición dio cuenta el virrey Bucareli a la Corona, señalando como resultado fundamental de este viaje el dejar reconocidos y señalados los dominios españoles en casi quinientas leguas más de extensión de lo que hasta entonces se conocía o se había recorrido y navegado, así como el conocimiento de la población de esas costas y la confirmación de la inexistencia de establecimientos extranjeros, y finalmente la elaboración de planos que permitiesen mejores viajes, ya que hasta entonces existían todavía algunas leyendas o interpretaciones geográficas de carácter mítico que aún no habían sido totalmente descartadas.[25]

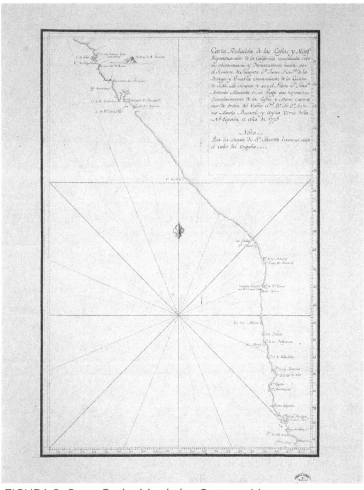

FIGURA 8. *Carta Reducida de las Costas y Mares Septentrionales de la California construida sobre las observaciones y demarcaciones hechas por el Teniente de fragata Don Juan Francisco de la Bodega y Quadra (...) 1775.* Uno de los primeros mapas de toda la costa septentrional de California, desde los 36 hasta los 58 grados.[26]

Notas

1. MECD, AGI, Estado 20, N.13.

2. MECD, AGI, Estado 38A, N.11.

3. MECD, AGI, Estado 38A, N.5.

4. MECD, AGI, Estado 38A, N.4.

5. MECD, AGI, Guadalajara 515, N.44.

6. MECD, AGI, Estado 38A, N.6 a N.9.

7. MECD, AGI, MP-México 306 a 309, 531 y 581 a 584.

8. MECD, AGI, Estado 38A, N.11.

9. Ibídem.

10. Ibídem.

11. Ibídem, imagen número 25 (folio 13 recto).

12. Ibídem.

13. Reid, Joshua L. *The Sea is my Country: The Maritime World of the Makahs*, edit. Yale University Press, 2015.

14. MECD, AGI, MP-México 306.

15. MECD, AGI, Guadalajara 515, N.44.

16. Ibídem.

17. Ibídem.

18. Ibídem.

19. Ibídem.

20. Ibídem.

21. MECD, AGI, Estado 38A, N.5.

22. Ibídem.

23. Ibídem.

24. Ibídem.

25. MECD, AGI, Estado 20, N.18 a N.24.

26. MECD, AGI, MP-México 581.

9. Expedición de Ignacio de Arteaga y Juan de la Bodega y Quadra

Todos estos nuevos conocimientos geográficos de la costa noroeste de América hicieron que la Corona, con la intención de adelantar aún más los descubrimientos, preparara otra expedición en 1776, pero esta no pudo ser posible hasta 1779, cuando Ignacio de Arteaga y Juan de la Bodega, con las fragata Nuestra Señora del Rosario, alias la Princesa, y Nuestra Señora de los Remedios, alias la Favorita, salieron del puerto de San Blas el 11 de febrero, con órdenes de subir hasta los 70 grados de latitud. Con esta expedición, además de continuar los descubrimientos de la costa noroeste del continente americano, se buscaba de nuevo el poder evaluar la penetración de los rusos en Alaska, y a la vez encontrar el buscado Paso del Noroeste e intentar capturar a James Cook por esas costas, ya que las autoridades hispanas habían tenido noticias de las exploraciones que este había realizado el año anterior a lo largo de la costa del noroeste del Pacífico, fundamentalmente en la zona de la bahía de San Lorenzo, lo que demostraba el interés de los ingleses por la zona.

Aunque la navegación de esta expedición, por ser con buques superiores a los de los anteriores viajes, fue más ventajosa y soportable, el primero de los objetivos de la expedición no se consiguió plenamente, ya que Artega y De la Bodega consiguieron recorrer la costa solo hasta los 61 grados de latitud norte. Pero a lo largo del viaje acumularon una gran información no solo de carácter geográfico, sino también sobre la etnografía y la flora y la fauna de la costa, y es que De la Bodega además de naturalista también fue una especie de etnólogo, y en la documentación redactada durante sus expediciones se pueden estudiar las costumbres de los nativos de la costa norteamericana. Tanto Artega como De la Bodega escribieron Diarios de navegación[1] y, como era habitual al regreso de la expedición, el virrey de la Nueva España, el interino Martín de Mayorga, recibió informes sobre todo lo sucedido.[2] En cuanto a los otros dos objetivos de este viaje, estos no se pudieron conseguir ya que la expedición española no localizó los navíos de Cook, que había muerto en Hawái en febrero de ese mismo año, y tampoco encontró rastro de la presencia de los rusos.

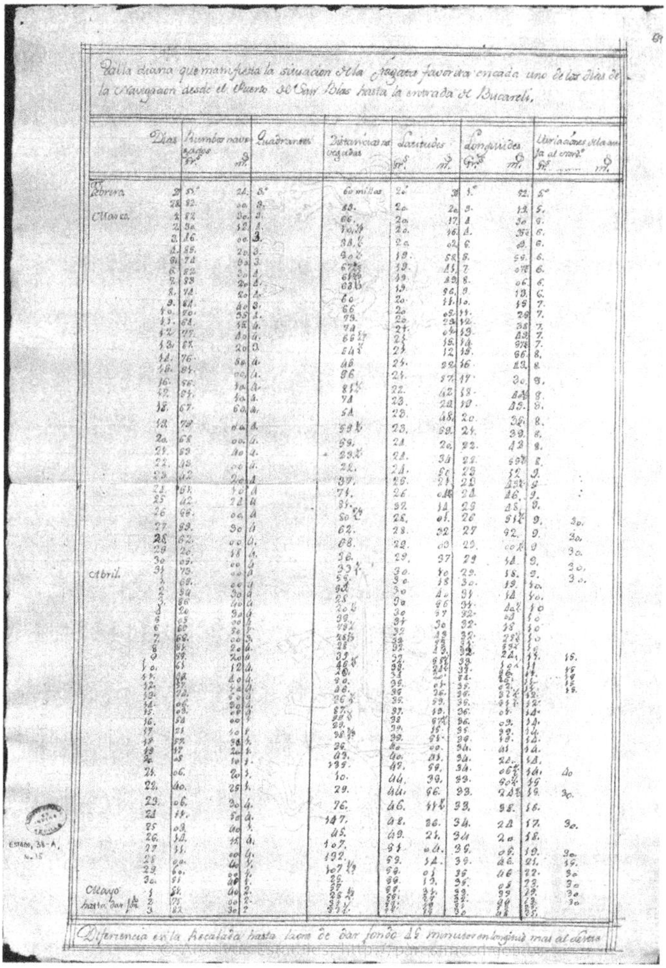

FIGURA 9. *Tabla diaria de la situación de la fragata Favorita en cada uno de los días de la navegación desde el puerto de San Blas hasta la Entrada de Bucareli.* Copia del Diario de la navegación que hizo el Teniente de navío Don Juan Francisco de la Bodega y Quadra, comandante de la fragata Nuestra Señora de los Remedios, alias la Favorita, a exploraciones en las costas septentrionales de California de 11 de Febrero a 21 de Noviembre de 1779.[3]

Sobre el viaje en sí, navegaron Artega y De la Bodega directamente desde el puerto de San Blas hasta el de Bucareli, en el archipiélago Príncipe de Gales, en 55 grados y 18 minutos, donde el día 3 de mayo dio fondo la Favorita, tras 82 días de navegación. Al mediodía se descubrió la Princesa, que se había separado a causa de una tormenta el 20 de abril, pero el poco viento le impidió aproximarse y le fue preciso continuar hasta una ensenada situada unas dos leguas hacia el oriente, desde donde avisó de haber encontrado el abrigo de un buen puerto en el que aseguraron ambas fragatas para hacer aguada y dar descanso a la tripulación. Una vez allí desembarcaron para tomar posesión del territorio de manera formal y bautizaron el lugar como el puerto de la Santísima Cruz, en el lado oeste de la isla Suemez (al sur del archipiélago alaskeño de Alexander, el nombre de la isla seguramente responde al apellido del virrey de la Nueva España Juan Vicente de Güemes Padilla), por haberlo descubierto el día de su celebración, a cuya festividad concurrieron varios nativos tlingit, ya que todo el territorio de la rada Bucareli era su hogar.

LOS TLINGIT

Estaban divididos los tlingit en catorce grupos tribales, algunos de ellos con varias aldeas, extendiéndose sus territorios desde el sudeste del delta del río Cooper, en Alaska, hasta el canal de Portland en el límite actual de Alaska con la Columbia Británica (Canadá), área que habitaban desde hacía más de diez mil años. Su lengua pertenece al grupo kolosh de la familia Na-dené y su nombre significa pueblo. Sus vecinos aleutianos les llamaban kolosh (kalohs o kaluga) Tradicionalmente se les ha considerado como el máximo exponente de la cultura india del noroeste. Vivían en aldeas de casa de tabla de cedro, que habitaban de manera permanente durante el invierno, delante de las cuales colocaban tótems que representaban tanto a sus antepasados como el nivel social de sus habitantes. En verano se desplazaban hacia el interior para cazar y pescar, y completaban su alimentación con plantas marinas, bayas y raíces. Construían piraguas de maderas decoradas que podían medir hasta 20 metros de largo y que empleaban tanto para la pesca como para la guerra (a menudo con sus enemigos aleutas) y el comercio (eran muy demandadas sus elaboradas mantas chilkat y su cestería). En sus aldeas habitaban clanes endogámicos, cuyos miembros descendían de un antepasado común, siempre por vía materna, y cada clan tenía un jefe. También estaban organizados en linajes, con características similares a los clanes, a cuya cabeza figuraba un jefe o caudillo, que no poseía autoridad tribal pero en algunos linajes parece que unificaban a las diferentes tribus. Al igual que algunos de sus vecinos (como los nootka y los kwakiult canadienses) también practicaban la ceremonia del potlatch.

Desde el puerto de la Cruz salieron los hombres de Arteaga y De la Bodega en varias lanchas, al mando de Maurelle, acompañado de los pilotos Camacho, Cañizares y Aguirre, junto con algunos soldados, para reconocer los alrededores hasta la punta de San Bartolomé, mientras que desde las fragatas elaboraban un plano del puerto y hacían una barraca en la playa en la que dejar reposar a los enfermos de una epidemia en la Princesa, que ya se tenía por peste, y por la que finalmente perecieron solo dos marineros, que recibieron allí mismo sepultura. Hasta el lugar donde se encontraban fueron los indios con pescados y pieles que intercambiaron con la tripulación por abalorios y pedazos de hierro, y también se acercaron hasta las embarcaciones, donde realizaron diferentes robos. No obstante dichos robos, los expedicionarios, tal y como anotó en su Diario Juan Francisco de la Bodega: "como deseamos tratarlos con cariño para conservarlos en una perfecta amistad nos desentendíamos, y con este piadoso disimulo aumentaban su osadía, de suerte que apenas se atracaban sin incurrir en este delito",[4] y es que le parecía a De la Bodega que era tan grande el interés que tenían en conseguir hierro, bayeta y paño, que incluso los intercambiaban por sus niños. Mientras desde las lanchas seguían explorando los expedicionarios la costa hacia el norte, en las fragatas continuaban recibiendo las visitas de nativos, que "con pretexto de su comercio no dejaron de hurtar por más vigilancia que se tenía, unas veces las argollas del costado, otras algún cuchillo y hasta la aldaba que servía para asegurar la escala real".[5] Indicaron los nativos a los expedicionarios que tenían que irse de allí, porque ese era su puerto, y en los siguientes días fueron muchos los que en canoas se acercaron hasta las fragatas, unos mil, según De la Bodega, y retiraron la cruz que había sido colocada en la playa e incluso secuestraron a dos marineros que habían bajado a tierra a lavar sus ropas en los arroyos cercanos. Capturaron entonces los hombres de la expedición a uno de los nativos y, tras conversar con un indio anciano que mandaba a muchos de ellos, este les prometió que intercambiarían a los prisioneros, pero no cumplieron su palabra y los expedicionarios hispanos tuvieron que hundir algunas canoas, apresurándose a capturar a los indios que iban en ellas, salvándolos así de morir ahogados, aunque pese a ello resultó un indio muerto, hasta conseguir finalmente el canje de prisioneros. Finalmente, como los dos marineros confesaron haberse ido de manera voluntaria con los indios fueron castigados con cien azotes cada uno y la prisión correspondiente a su delito. En cuanto a los nativos, parece que se marcharon a sus rancherías en cierto modo agradecidos por haber sido rescatados del mar al hundirse sus canoas.

Sobre la fisonomía, la forma de vestir y los adornos que portaban los naturales, recogió De la Bodega en su Diario que:

"el color de estas gentes es trigueño claro y de un blanco regular, su cara de muy buenas perfecciones. Son de más que regular estatura, fornidos, arrogantes de espíritu y generalmente inclinados a la guerra. Las ropas con que visten se reducen a una o más pieles de lobo, venado y oso u otros animales, las quales les cubren desde los hombros hasta las rodillas. También se presentaron algunos con fresadas de lana bien texidas, de vara y media de largo y una de ancho, con fleco alrededor de media quarta, otros traían botas de piel adobada abiertas por delante que cierran pasándoles un cordón. Cubren las cabezas con sombreros bien texidos de alguna corteza de árbol, cuya figura es la misma que la de un embudo. En las muñecas usan brazaletes de cobre, fierro o barba de ballena, y en el cuello varios hilos de sus abalorios hechos de hueso y collares de cobre sumamente finos. En las orejas alambres del mismo metal torcido, cuentas de azabache y unas calabacitas que hacen con cierta goma que parecen topacios. Tienen el pelo castaño y largo, lo traen suelto hasta la mitad desde donde se hacen una perfecta coleta hasta su extremo con cinta de lana. Suelen algunos días pintarse la cara y brazos con almagre y pintura aplomada y cubrirse la cabeza de menudas plumas de aves que para este fin solicitan".[6]

Respecto a las mujeres, anotó De la Bodega en su Diario que eran de semblante agradable, color claro y mejillas rosadas, con el pelo en una trenza, vestidas con una especie de túnica de piel que ceñían por la cintura y que tenían agujeros en el labio inferior,

"que van aumentando este agujero hasta dar lugar a que en él se coloquen una tablilla en forma de roldana de un dedo de grueso, cóncava por ambas superficies y la de menos diámetro de una pulgada".[7]

También observaron los expedicionarios que dicha tablilla solo la llevaban de esta manera las mujeres casadas, mientras que las niñas llevaban un alfiler de cobre atravesado por el lugar en que más tarde embutirían la roldana y una conchita que pasaban por la ternilla de la nariz. Llamó la atención a De la Bodega el uso de una hierba muy consumida también en el Reino del Perú, llamada cochaivio. Debía referirse el oficial limeño seguramente al cochayuyo o cachiyuyo, un tipo de alga comestible que ha supuesto un recurso alimenticio de las comunidades indígenas americanas durante siglos. Además, también destacó que sobre los riscos crecía una abundante y espesa maleza, y que entre ellas se encontraban ortigas, manzanilla, apio silvestre, anís, llantén, celidonia, sauco, ajenjos y acederas. Asimismo llamó la atención de los expedicionarios el característico armamento defensivo tlingit, además de sus armas ofensivas y el uso del cobre y del hierro, el primero generalmente para adornos y el segundo, seguramente obtenido de otras embarcaciones (rusas quizás), para las hojas de sus cuchillos. Sánchez Montañés, en su labor investigadora sobre las expediciones españolas del siglo XVIII al Pacífico norte y las colecciones del Museo de América en Madrid, también ha estudiado esta expedición, analizando los diversos diarios e informes, tratando de documentar mediante las descripciones de los diversos objetos intercambiados con los nativos una serie de piezas de dicho museo (cotas, morriones, collares, mazas, etc.), y recogiendo en su estudio que la entrega de niños apuntaba claramente a las primeras evidencias etnohistóricas del elemento esclavo, de gran importancia en la cultura tradicional de la costa noroeste.

El día 15 de junio los expedicionarios se hicieron a la vela hacia el puerto de San Antonio, del que intentaron salir el 18 sin éxito, debido a los vientos contrarios, donde volvieron a tener contacto con los nativos tlingit y llevaron a cabo diferentes intercambios. El 1 de julio consiguieron partir del dicho puerto y tras ocho días de navegación se hallaron en 58 grados y 6 minutos. El día 15 continuaron navegando hacia el noroeste, a fin de reconocer el cabo que el explorador ruso Vitus Bering en 1741 había llamado San Elías y que ahora ellos nombraron Santa Rosa, en 59 grados y 52 minutos, y tras pasar el dicho cabo fondearon en un crecido seno como a catorce leguas de la costa, tras ver a unos indios en canoas que les hicieron señas. Entonces a la actual isla Kayak (llamada así por los rusos desde 1826 por su parecido con el contorno de ese tipo de canoas, pero bautizada en 1778 por James Cook con el nombre de isla Kaye) la nombraron de Nuestra Señora del Carmen.

LOS EYAK Y LOS CHUGACH

En esas fechas el territorio hasta las islas más meridionales de la entrada del Príncipe Guillermo, comprendido entre la desembocadura del río Cooper y las montañas de San Elías, estaba habitado por los eyak, una tribu que a sí misma se llamaba unalakmiut, nombre que proviene de la lengua esquimal chugach iiyiaraq o igya´aq, que significa cuello, y que haría referencia a la forma de la zona del río donde habitaban. El eyak ha sido el primer idioma de Alaska en extinguirse en la historia más reciente, siendo sus parientes más cercanos los idiomas athabascanos. Los eyak también vivían fundamentalmente de la pesca del salmón y, aunque se encuentran dentro del área cultural de las tribus del noroeste, presentaban una fuerte influencia esquimal.

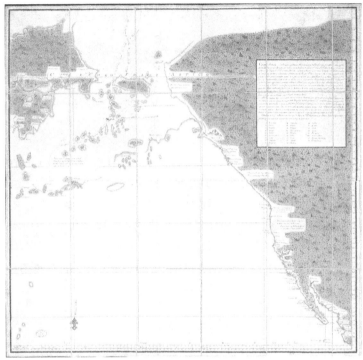

FIGURA 10. *Carta reducida de las Costas y Mares Septentrionales de Californias formada hasta el grado 58 de latitud por las observaciones hechas por el Teniente de Navío Don Juan Francisco de la Bodega y Quadra y el Alférez de Fragata Don Francisco Antonio Mourelle, cuya costa se representa por medio de sombras de tinta y cuanto se manifiesta por la sombra encarnada pertenece a la de Monseur Bellin, impresa el año de 1766 (...) (1780).* Presenta una carta de la costa del océano Pacífico desde el cabo San Lucas hasta los 71° de latitud norte.[8]

Parece ser que en esta isla, nombrada entonces del Carmen, fue el primer lugar donde los expedicionarios vieron el tipo de embarcación o canoa de origen esquimal, concretamente inuit, llamado kayak. Desde allí mandaron una lancha para que reconociese la costa y se dispusieron a tomar posesión de la ensenada próxima al fondeadero (actual Ensenada del

Príncipe Guillermo, cuyo nombre en tlingit es Chágugeeyí, que significa gran bahía) a la que llamaron puerto de Santiago (actual puerto Etches, junto a la isla de la Magdalena o isla Hinchinbrook). Estaban entonces en altura de 61 grados, en el territorio del Ártico, alcanzando así el punto más septentrional en la costa del Pacífico Norte, y tanto los de la fragata como los de la lancha se encontraron con canoas de nativos. Serían éstos seguramente nativos chugach, cuyo nombre procede del término cuungaaciiq, denominación con la que se conoce la más septentrional de las cordilleras que conforman la cadena costera del Pacífico en el extremo occidental de América del norte, parte de cuyo territorio habitaban desde hacía miles de años, concretamente la región de la península de Kenai y la ensenada del Príncipe Guillermo.

Los chugach eran, y son, un pueblo aleuta o alutiiq, nombre que los colonos y comerciantes de pieles rusos dieron a los nativos de la región, aunque ellos se denominan a sí mismos sugpiat, que significa la gente real. Dentro de los sugpiat los chugach siempre han hablado un dialecto propio, el koniag, procedente del idioma alutiiq, también llamado yupik del Pacífico o sugpiaq, que es una rama del yupik de Alaska que se extiende por la costa sur, por lo que pertenece al grupo de las lenguas esquimo-aleutianas. Sus gentes siempre vivieron cerca de la costa, en casas semi-subterráneas llamadas ciqlluaq, aprovechando los recursos marítimos para su subsistencia, además de la recolección de bayas y la caza de algunos mamíferos terrestres. Anotó entonces De la Bodega en su Diario que:

"las ropa[s] que estos usan es una túnica entera de pieles que les abriga bastantemente, su sombrero como los de Bucareli, collares de quentas gruesas de vidrio y aunque les instábamos a que nos dijesen de quién las habían obtenido no fue posible entenderlo, pero sí nos decían con señales bastantemente claras que habían visto otras embarcaciones más grandes entrar por la parte donde estábamos (...) su lenguaje nos pareció una jerga confusa sin mezcla de otro idioma, su carácter dulce y apacible, y que vivían entre sí con armonía".[9]

ÚLTIMA ETAPA DE LA EXPEDICIÓN DE ARTEAGA Y DE LA BODEGA

Mientras, Cañizares y Pantoja exploraron en un bote la costa, observando una pared de montañas del este al norte (la cordillera Chugach), lo que hizo pensar a Arteaga que tras esa ensenada no podía haber ningún Pasaje al Noroeste, idea que compartió en una Junta con el resto de los oficiales. No obstante esta evidencia, continuaron navegando los expedicionarios, y el día 1 de agosto volvieron a dar fondo cerca de la ensenada que bautizaron como de Nuestra Señora de la Regla (actual puerto Chatham, en la isla de Elizabeth, cerca del extremo de la península de Kenai), en 59 grados y 8 minutos, donde de nuevo se les acercaron algunas canoas de indios, pero no llegaron a establecer ningún contacto con ellos. Estuvieron allí durante algunos días, y el tiempo fue en ocasiones tan claro que incluso llegaron a ver el Monte Iliamna. El día 7 de agosto se hicieron a la vela, ya con la idea de regresar hacia San Blas. El 22 se hallaba la expedición en la entrada de Bucareli, el 4 de septiembre demarcaron el puerto de la Trinidad, después doblaron el cabo Mendocino y el día 14, tras un largo viaje en el que sufrieron casi continuos malos tiempos y muchas enfermedades, llegaron al puerto de San Francisco. Fue allí donde se reunieron con la fragata Princesa, y donde recibieron la noticia de la declaración de la guerra con Inglaterra. Rotas las relaciones de España con Inglaterra, De la Bodega había recibido en el puerto de San Francisco la orden de ir hasta San Blas, donde llegó el 21 de noviembre.

Notas

1. MECD, AGI, Estado 38A, N.13 y N.15.
2. MECD, AGI, Estado 20, N.28.
3. MECD, AGI, Estado 38A, N.15, imagen número 137 (folio 69 recto).
4. Ibídem.
5. Ibídem.
6. Ibídem.
7. Ibídem.
8. MECD, AGI, MP-México, 359.
9. MECD, AGI, Estado 38A, N.15.

10. Expedición de Esteban José Martínez Fernández y Martínez de la Sierra y Gonzalo López de Haro

No podemos olvidar que mientras se desarrollaba la anterior expedición, la de Ignacio de Arteaga y Juan de la Bodega y Quadra, España entró en la Guerra de Independencia de los Estados Unidos como aliada de Francia, lo que precipitó el conflicto anglo español que finalizaría en septiembre de 1783 con la firma del Tratado de París. Con este mismo Tratado, suscrito entre España, Francia e Inglaterra, quedó reconocida la independencia de las Trece Colonias de Nueva Inglaterra en América del Norte. Pedro Pablo Abarca de Bolea, el Conde de Aranda, que había firmado dicho Tratado como embajador y ministro plenipotenciario de España en París, a su regreso a Madrid presentó una Memoria secreta al Rey Carlos III sobre la independencia de las colonias inglesas en América, advirtiéndole sobre su potencial crecimiento, y en el que se puede apreciar tanto su clarividencia política como su profética visión de futuro. En la dicha Memoria, que al parecer fue desatendida por Carlos III y desconocida por Carlos IV, ya prevenía el Conde de Aranda al Rey sobre el expansionismo de las Trece Colonias con las siguientes palabras:

"La independencia de las colonias inglesas acaba de ser reconocida, y esto, para mí, es un motivo de temor y de pesar. Esta república federal ha nacido pigmea, por decirlo así, y ha necesitado el apoyo de la fuerza de dos estados tan poderosos como la España y la Francia para lograr su independencia. Tiempo vendrá en que llegará a ser gigante, y aún coloso muy temible en aquellas vastas regiones. Entonces ella olvidará los beneficios que recibió de ambas potencias y no pensará sino en engrandecerse. Su primer paso será apoderarse de las Floridas para dominar el golfo de México. Estos temores son, señor, demasiado fundados y habrán de realizarse dentro de pocos años, si antes no ocurriesen otros más funestos en nuestras Américas. Una sabia política nos aconseja precavernos de los males que amenazan".[1]

No se equivocaba el conde de Aranda, ya que la expansión de los Estados Unidos de América terminaría produciéndose, ciertamente, a expensas de territorios que habían estado bajo el dominio de la Corona hispánica, ni más ni menos que casi dos terceras partes de su actual territorio.

Durante estos años no se realizó ninguna expedición al noroeste del Pacífico, fundamentalmente porque, como consecuencia de la situación bélica, las necesidades del momento pasaron a ser otras, y habría que esperar hasta después de la firma de la Paz con Inglaterra para que se volviesen a enviar dos barcos desde el puerto de San Blas con el fin de evaluar la actividad de los rusos en la zona. Esta sería la expedición de Esteban José Martínez Fernández y Martínez de la Sierra y Gonzalo López de Haro, a quien acompañaba el piloto José María Narváez, a bordo de la fragata Nuestra Señora del Rosario, alias la Princesa, y el paquebote San Carlos, alias el Filipino, que partieron de San Blas el día 8 de marzo de 1788 y llegaron a la costa suroccidental de Alaska en mayo. Desde allí continuaron navegaron hacia el oeste y en junio localizaron a los rusos, que comerciaban con pieles en la isla de Kodiak, donde pudieron observar a los nativos aleutas. Allí, Narváez se reunió con el superior ruso Eustrati Ivanovich Delárov, un marino de origen macedonio que trabajaba para las compañías del comercio de pieles, y este le confirmó que existían siete puestos comerciales de los rusos en la costa de Alaska y que, además, querían tomar posesión de las tierras del estrecho de Nutka, en la costa oeste de la isla de Vancouver. Tras este encuentro, la expedición hispana viajó hacia el este y hacia la isla de Unalaska, donde de nuevo observaron a los nativos aleutianos y localizaron otro puesto ruso, cuyo comandante les volvió a confirmar su intención, obedeciendo órdenes de la emperatriz Catalina II, de tomar posesión de Nutka al año siguiente mediante el envío de una flota para establecer el dominio ruso en esos territorios. Esta isla fue el punto más occidental que los expedicionarios hispanos alcanzaron durante los viajes de exploración por Alaska, ya que desde allí emprendieron el rumbo hacia el sur, de vuelta a San Blas. A su llegada, tras poner en conocimiento de las autoridades hispanas las intenciones de los rusos, Martínez volvió a asumir el cargo de una nueva expedición para ocupar la isla de Nutka antes de que lo hicieran los rusos, o los británicos. También se originó una interesante documentación sobre todo lo sucedido en este viaje, entre ella una Relación anónima escrita desde el paquebote San Carlos en la que se cuenta como:

"habiendo navegado con toda felicidad hasta el 1 de abril repartió el capitán vestidos a la gente por el mucho frío, el día 5 paño para gorras, a unos encarnado y a otros azul, y el día 29 llegamos a los 55 grados donde sufrimos vientos rigurosos (...) sin embargo el 16 de mayo descubrimos tierra a los 61 grados, que decían ser el puerto de Santiago, donde estuvimos cuatro días sin poder entrar, así por los vientos como por las opiniones diversas sobre si era o no dicho puerto (...) navegamos otros 2 días y llegamos el del Corpus adonde decían ser el puerto que buscábamos, ese día anduvieron los botes de un barco a otro, y estuvimos a vista de tierra y del puerto que llamaron Regla",[2]

así como varios Diarios de navegación[3] y diversos informes que emitió el virrey de la Nueva España, Manuel Antonio Flores, dando cuenta de la expedición y de los continuos conflictos que en ella se originaron entre los oficiales al mando.[4] Entre la documentación que remitió el virrey novohispano se encuentran las notas que Esteban José Martínez y López de Haro intercambiaron en mayo de 1788, estando uno a bordo de la fragata Princesa y el otro del paquebote San Carlos, discrepando sobre el lugar en el que se hallaban, y que nos dan una idea de lo difícil de la ubicación exacta de los lugares en aquellas navegaciones. Así, Martínez, en altura de 59 grados y 48 minutos defendía que la entrada del Príncipe Guillermo:

"es la bahía de Controlleur que cita Cook, yo a esta le he dado el nombre de Floridablanca. La isla que tenemos al S. y O. es la isla de Kayes que le dio el nombre Cook el año de 1778, por nosotros es la isla del Carmen según mi plano, la isla de Montagu es la de Santiago. Cook entró por la parte del N. y E. de ella, los españoles entraron por donde él salió (...) una isla hemos visto que nos demora al S.E.E. 5° S. al mediodía (...) se le ha dado el nombre de isla de Hixosa";[5]

mientras que López de Haro aseguraba en sus observaciones que:

"la entrada que le dije a vuestra merced era la del Príncipe Guillermo, le vuelvo a repetir lo mismo, y no la bahía de Contralor como me dice en su oficio y que la isla que tenemos al S. y O. es la isla Cayes por el inglés y Carmen por nosotros, pues para ser cierto esto era menester una de las dos cosas o que la latitud de la dicha bahía como la sitúa Cook estuviera mala o que los instrumentos de que nos valemos nosotros estuvieran del todo malo, pues habiendo observado ayer la latitud de 60 grados y 12 minutos ésta me sitúa dentro de la dicha bahía que usted me dice es la del Contralor".[6]

No obstante este y otros conflictos surgidos entre los oficiales, y las dificultades padecidas durante la navegación, tras esta expedición las autoridades hispanas vieron clara la importancia de establecer en la costa de Alaska una base permanente, ya que, además de los rusos, también la Compañía Británica de las Indias Orientales había emplazado un puesto en el poblado Mowachacht de los nuu-chah-nulth de Yuquot, en el extremo sur de la isla de Nutka, al que habían llamado Friendly Cove, intentando establecer así una base en un punto estratégico tanto para la ocupación de aquel territorio como para el comercio.

Y fue por ello que en febrero de 1789 el virrey Manuel Antonio Flores, a pesar del historial de conflictos que había tenido Martínez de la Sierra en el viaje del año anterior le ordenó partir hacia la bahía de Nutka, para establecer allí un asentamiento permanente que garantizase los derechos de la Monarquía hispánica en la región en cuanto a la anexión oficial del territorio al virreinato de la Nueva España. Seguramente el virrey contaría con él por ser el único oficial disponible en ese momento y porque, además, este se había ofrecido como voluntario. Se decidió entonces que en esta ocasión Martínez, a bordo de la fragata Princesa, iría acompañado de nuevo por el piloto Narváez, y también por López de Haro.

MARTÍNEZ FERNÁNDEZ EN NUTKA

Cuando el 5 de mayo llegó Martínez a Nutka, tomó posesión del dicho territorio, empezó a formar un fuerte de 10 cañones (que sería el fuerte de San Miguel) y levantó varias barracas para la tropa, tanto en el puerto situado a la izquierda como en la misma entrada. Allí se encontró con tres buques mercantes, dos de Boston que justificaban su presencia en el dicho fondeadero con la excusa de refugiarse del mal tiempo, por lo que Martínez les dejó partir, y un navío de bandera portuguesa, de conveniencia, llamado Ifigenia Nubiana, pero con capitán y tripulación británica, y ligado a John Meares, al que apresó. Mientras que Martínez se establecía en Nutka llegó hasta allí otro navío de pabellón británico, el Argonauta, al mando del capitán James Colnett, con material de construcción y trabajadores chinos a bordo. En una entrevista, el capitán británico, con evidente poca diplomacia, le contó a Martínez que cumplía órdenes reales para establecer allí una base británica, y Martínez le indicó que no podía hacerlo por pertenecer ese territorio a la Corona española (ya que Juan Pérez había tomado posesión de la bahía en agosto de 1774, cuando buscaba el Paso del Noroeste), pero el capitán británico se negó a someterse a Martínez, por lo que tras la discusión este decidió arrestarle y apoderarse de los navíos británicos. A los pocos días llegaron otros dos navíos británicos, la balandra Princesa Real, comandada por Thomas Hudson y con las mismas pretensiones que Colnett, y la goleta Northwest America, que Martínez también decidió capturar.

Todas las embarcaciones apresadas fueron enviadas a San Blas, y sobre Martínez cayó rápidamente cierto desprestigio en cuanto a su poca diplomacia y habilidad política. Cuando los navíos aprehendidos llegaron al puerto novohispano, el virrey, Manuel Antonio Flórez, estaba a punto de ser relevado por el conde de Revillagigedo, Juan Vicente de Güemes, a quien la situación preocupaba enormemente ya que temía el estallido de un nuevo conflicto con Inglaterra.

Había viajado el nuevo virrey desde Cádiz hasta la Nueva España con un grupo de oficiales de la Armada, que a lo largo del trayecto le mantuvo informado de la difícil situación en los territorios de la costa noroeste de América y de la alarma provocada por los avances rusos y británicos. Entre dichos oficiales estaban los limeños Manuel Quimper y Juan Francisco de la Bodega y Quadra, este último ya había sido nombrado comandante del Departamento Naval de San Blas. Cuando el 17 de octubre de 1789 el nuevo virrey tomó posesión de su cargo, uno de los primeros problemas a los que tuvo que enfrentarse fue la solución del conflicto internacional surgido con el apresamiento de los navíos ingleses por parte de Martínez. Y es que la postura bélica de Inglaterra se hizo aún más fuerte cuando John Meares, de la compañía comercial que había enviado a Nutka los navíos apresados, regresó a Londres y ante la Cámara de los Comunes presentó un memorial, con muchas noticias falsas, en el que decía haber comprado unas tierras en Nutka al jefe de los nuu-chah-nulth, Macuina, y acusaba a Martínez de haber asesinado a un jefe indio y de haber esclavizado a los trabajadores chinos que viajaban con Colnett, razones todas ellas por las cuales llegaba incluso a pedir la guerra contra España.

Esta versión de los hechos, aun estando claramente falseada, o cuanto menos exagerada, fue publicada como un instrumento de propaganda con el que radicalizar la postura de los británicos. Mientras, la política española de mantener en secreto todos los documentos y la información relacionada con sus descubrimientos y posesiones (el Diario de Martínez no sería publicado hasta 1943) hizo que muchos de los escritores contemporáneos, incluidos algunos españoles, aceptaran también la versión de Meares. No obstante, el botánico mexicano José Mariano Mociño, que viajaría tres años más tarde a la zona, recogió en su obra *Noticias de Nutka*[7] otra versión de los hechos acontecidos, explicando que Martínez en uso de la autoridad que creía justamente tener, pidió pasaportes y mandó aprehender a los portugueses que intentaban establecerse allí y decomisó sus cargamentos; por su parte, los bostonianos Kendrik y Gray establecieron una armonía perfecta con Martínez, confesándose incluso amigos, pero los ingleses, por conducto de su capitán Colnett, intentaron persuadir a Martínez de derechos adquiridos sobre Nutka y de las supuestas tierras también compradas a Macuina (quien obviamente lo negó), que los respaldaban como propietarios de la isla. Martínez entonces mandó arrestar a su interlocutor, lo que tampoco gustó a Macuina ni a su pariente, el jefe nutkense Quelequemo. La anécdota terminó con la liberación forzada de los ingleses, que ofendidos se marcharon amenazando, y en la descarga del temperamento de Martínez sobre el indígena Quelequem, mediante una salva o fusilazo que, según cuenta Mociño, dejó a este príncipe "flotando sobre las aguas y la sangre con que estas se habían teñido contristó sobremanera a los naturales, que echó sobre la fama del Piloto de San Blas la negra mancha de la abominación que generalmente se le tiene en el Archipiélago del Norte".[8]

Tras todos los acontecimientos ocurridos con Martínez en Nutka, y ante el inminente conflicto, para intentar dar una solución y rebajar el clima de tensión, las autoridades hispanas decidieron que lo más inmediato era poner en libertad a los prisioneros ingleses y restituirles sus navíos, además de ordenar a Martínez abandonar el fuerte de Nutka y regresar a San Blas. Así el 11 de mayo el virrey conde de Revillagigedo firmó los pasaportes de salida de James Colnett y Thomas Hudson para que estos pudiesen abandonar con alguno de sus barcos el puerto de San Blas, y el 31 de julio escribió al conde de Floridablanca, Secretario de Estado, indicándole que:

> "mucho celebraré que mi resolución de declarar la libertad a las embarcaciones de Notka haya sido parte para lograr la composición en las diferencias suscitadas entre nuestra Corte y la de Londres, accediendo y satisfaciendo a sus proposiciones sin comprometer el decoro y autoridad soberana ni del Ministerio. Ya navega el capitán Colnett".[9]

Pero el virrey conde de Revillagigedo, conocedor del valor estratégico de Nutka, continuó defendiendo la fortificación del dicho puerto para poder establecerse allí de manera permanente y segura, por lo que decidió enviar en abril de 1790 desde el puerto de San Blas otros dos de los buques apresados a los ingleses, el paquebote Argonauta y la balandra Princesa Real, en los que viajarían Salvador Fidalgo/Hidalgo y Manuel Quimper, junto con la fragata Concepción, que navegaría bajo el mando de Francisco de Eliza.[10]

EXPEDICIÓN DE SALVADOR FIDALGO Y MANUEL QUIMPER

En esta expedición, además de volver a reconocer el puerto de Nutka y acabar de construir el asentamiento de Santa

Cruz y el fuerte de San Miguel, cerca de Yuquot, con el fin de reafirmar la soberanía española de la isla, los expedicionarios también recibieron el encargo de explorar el estrecho de Juan de Fuca, así como las ensenadas del Príncipe Guillermo y la de Cook. Salió a navegar la flota el 3 de febrero y el 5 de abril fondearon los navíos en Nutka, donde trataron de fortificarse construyendo una nueva batería que sería ocupada por soldados de la Primera Compañía Franca de Voluntarios de Cataluña, bajo el mando de Pedro Alberni, donde el día 10 de abril enarbolaron la bandera nacional.

Desde Nutka Fidalgo fue enviado al Norte y Quimper al Sur. El primero navegó hasta el puerto Príncipe Guillermo, llegando allí a finales de mayo, para poco después tomar posesión de la bahía de Córdova (actual bahía de Esquimalt) y continuar hacia el norte por la inmediación de la isla Magdalena hasta fondear en una ensenada a la que dio el nombre de Menéndez (seguramente la actual bahía de Sheen, al final de la bahía de Orca) y desde allí se dirigió hacia un puerto situado en 60 grados y 40 minutos al que llamó Gravina (en la zona nordeste de la ensenada de Príncipe Guillermo), y navegó hacia el sur continuando los descubrimientos hasta llegar a la Rivera de Cook y reconocer la costa hasta su entrada, y tanto en una pequeña ensenada inmediata a la boca del puerto de Revillagigedo (en la costa suroeste de la península de Kenai), como dos millas más adelante hasta la punta de Quadra, reconoció varios establecimientos rusos. Ancló cerca de él, y anotó en su Diario que en esa zona "la indiada era notablemente numerosa y atrevida".[11] Tuvo noticias entonces de que los rusos estaban en el río de Cook desde el año 87. El 8 de agosto salió Fidalgo del puerto de Revillagigedo y tres días después fondeó en el cabo de Dos Cabezas, y al sudoeste del dicho cabo se encontró de nuevo con los rusos establecidos en la isla de Kodiak y los nativos aleutas o aleutiiq (cerca del actual Old Harbor). Pudo reconocer Fidalgo el establecimiento, saber que contaba con "nueve mil indios amigos y vasallos de la Emperatriz",[12] y tener noticias de cuándo esperaban el relevo los que allí estaban y también de que un año antes una fragata de guerra rusa se había perdido en la zona por causa de un fuerte temporal, tras lo cual decidió iniciar la navegación de regreso al puerto de Nutka. Pero al volver a navegar a las aguas del océano los vientos contrarios le impidieron regresar al dicho puerto, por lo que tras celebrar una Junta con sus pilotos, decidió volver directamente a Monterrey.

Por su parte, Quimper debía cumplir la misión de explorar el estrecho de Fuca, y tras permanecer unos días en la costa oeste de la actual isla de Vancouver, en el puerto Clayoquot, examinando las aguas de su estrecho y levantando un nuevo plano de él, se dirigió al puerto de San Juan, en la costa del norte de la embocadura del estrecho, donde los naturales le dieron noticias de la presencia de los ingleses y también tuvo un encuentro con Wickaninnish, jefe de los tla-o-qui-aht, habitantes del puerto de Clayoquot, y rival del jefe indio de los mowachaht de Yuquot Macuina. Continuó navegando bordeando la isla de Bodega y Quadra (llamada más tarde de Vancouver) hasta llegar a una gran bahía, de la que tomó posesión el día 23 de junio llamándola puerto de Revillagigedo, en honor del virrey novohispano. Siguió su navegación nombrando accidentes geográficos y bordeando el extremo sur de la isla hasta llegar el día 30 a la que bautizó como Rada de Valdés y Bazán, para después adentrase por el canal que llamó de Fidalgo y regresar por el extremo sur del estrecho, pero por la costa del continente, hasta tomar posesión allí de la tierra de la bahía que llamó de Quimper, y también, casi al final de la boca del estrecho, de la bahía a la que bautizó con el nombre de Núñez Gaona (la actual bahía Neah, en el extremo noroccidental del estado de Washington), observando además su importante posición estratégica "que era de buen fondo, abrigada de los vientos 1°, 2° y 3° quadrante, abundante de peces, en particular salmón, sus terrenos fértiles, y en parte llanos donde riegan varios arroyos de exquisita agua",[13] además tuvieron que bajar algunos hombres de la tripulación a buscar un palo a los bosques cercanos, para hacer con él un mástil, y lo hicieron sin oposición de los naturales, lo que les dio cierta confianza, aunque unos días después un marinero que bajó a lavar la ropa se alejó del resto de los expedicionarios y sufrió el ataque de los nativos. También supo Quimper entonces que ese mismo año habían estado allí cinco embarcaciones extranjeras para comerciar con pieles y que al capitán de una de ellas lo habían matado los habitantes de la dicha bahía de Núñez Gaona, por lo que anotó en su Diario que eran belicosos, intrépidos y ladrones. Desde allí partió Quimper de regreso al puerto de Nutka, pero al igual que a Fidalgo los vientos contrarios le dificultaron la navegación por lo que, tras celebrar una Junta con los pilotos, decidió volver directamente hacia el puerto de Monterrey. Una vez allí se reunió con su compañero de expedición y ambos regresaron juntos hasta San Blas, desde donde dieron debida cuenta de todo lo sucedido al virrey conde de Revillagigedo.[14] De esta expedición también resultaron interesantes planos y mapas.[15]

Mientras, el clima de indignación en Inglaterra provocado por la noticia de los apresamientos realizados por Martínez se acentuaba cada vez más, y ya se estaba hablando abiertamente de guerra entre ambas potencias, así que tanto España como Inglaterra empezaron a movilizar sus fuerzas. El Almirantazgo inglés preparó su marina y una escuadra de veintinueve navíos puso rumbo a España, mientras que, por su parte, la flota española salió de Cádiz en su búsqueda, aun que finalmente no se encontraron. Y es que el gobierno del recién ascendido al trono Carlos IV estaba dispuesto a rechazar las exigencias británicas e ir a la guerra, y para ello España invocó el Pacto de Familia y pidió ayuda a la Francia de Luis XVI, ya que sin su apoyo la posición de la Monarquía hispánica era difícil. El rey francés, en cumplimiento de sus pactos con España, movilizó su armada, lo cual disuadió a los británicos, además, con el paso de los meses la indignación popular en Inglaterra por el asunto de los navíos apresados había ido disminuyendo y finalmente se abrió la puerta a una solución pacífica. Así, el 28 de octubre de 1790 se firmó en Madrid la primera Convención de Nutka, por la que ambas potencias reconocían que la otra tenía derecho a establecer asentamientos en la zona en disputa. El acuerdo celebrado entre España e Inglaterra sobre las instrucciones que habían de darse a los comisionados para llevar a efecto el artículo 1º de la Convención de 28 de octubre de 1790 relativo a la restitución de terrenos y edificios en Nutka se puede consultar en el Archivo Histórico Nacional.[16]

Notas

1. Aranda, Pedro Pablo Abarca de Bolea (Conde de Aranda). *Memoria secreta presentada al Rey de España, Carlos III, sobre la independencia de las colonias inglesas en América, después de haber firmado el Tratado de París de 1783*; manuscrito, publicado por Jacinto Salas y Quiroga, Madrid, 1847.
2. MECD, AGI, Estado 43, N.12.
3. MECD, AGI, Mapas y Planos-Libros y Manuscritos 37 y 38.
4. MECD, AGI, Estado 20, N.34.
5. Ibídem.
6. Ibídem.
7. Mociño y Losada, José Mariano. *Noticias de Nutka: manuscrito de 1793*, Universidad Nacional Autónoma de México, 1998.

8. Ibídem.
9. MECD, AGI, Estado 20, N.50.
10. MECD, AGI, Estado 43, N.13 y N.14.
11. MECD, AGI, Estado 43, N.13.
12. Ibídem.
13. MECD, AGI, Estado 43, N.14.
14. MECD, AGI, Estado 20, N.60.
15. MECD, AGI, Mapas y Planos- México 423 a 430.
16. MECD, AHN, Estado 3370, Exp.12.

11. Expedición de Francisco de Eliza

En 1791 se envió una nueva expedición de exploración al norte, dirigida esta vez por Francisco de Eliza, el nuevo comandante del establecimiento de Nutka, que viajaría a bordo del San Carlos, e iría acompañado por la goleta Santa Saturnina, bajo el mando de José María Narváez. Los barcos navegaron hasta Nutka, de donde salieron a principios de mayo de 1791, y tras explorar la ensenada de Clayoquot durante cerca de dos semanas, el San Carlos navegó el estrecho de Juan de Fuca hasta el puerto de Córdova, mientras la Santa Saturnina pasó varias semanas explorando la ensenada que nombraron Boca de Carrasco (actual ensenada de Barkley), en honor del explorador Juan Carrasco. Los dos navíos se reunieron en la bahía de Esquimalt a mediados de junio, allí Eliza dio instrucciones al piloto Juan Pantoja y Arriaga para que fuese a explorar el estrecho de Haro con la Santa Saturnina, desde donde fue a la isla de Vancouver y a la isla San Juan, para luego regresar hacia el nordeste y navegar por la costa de varias islas del golfo situadas en lo que entonces denominaron el Canal de Nuestra Señora del Rosario (actual estrecho de Georgia) y continuar hacia el este, hasta llegar cerca de isla Lummi (llamada por los nativos Sa nam a o, que significa montaña alta), en el extremo norte del estrecho de Rosario. Desde allí regresaron a Esquimalt, cumpliendo así las órdenes dadas por Eliza. Entonces la base de operaciones de Eliza se trasladó a la parte sur del estrecho de Juan de Fuca, al puerto de la Quadra (actual puerto Discovery) y, mientras que este permaneció allí con el San Carlos, Narváez fue con la Santa Saturnina a explorar el estrecho del Rosario, para navegar después hacia el norte con la intención de conocer también el estrecho de Georgia. Durante la exploración del dicho estrecho la tripulación de la Santa Santurnina observó salidas de abundante agua fresca, por lo que dedujeron que se encontraban cerca de la boca de un gran río, aunque no consiguieron determinar su ubicación (se trataba del río Fraser). Cuando la Santa Saturnina regresó al puerto de Quadra eran tantos los hombres enfermos, incluido Eliza, que se decidió no seguir con las exploraciones, así que navegaron hacia la península Olímpica, hasta llegar a un buen puerto al que nombraron de los Ángeles y desde allí fueron hasta la bahía de Núñez Gaona.

Aunque ya Quimper había advertido en la anterior expedición sobre la importancia estratégica de la bahía de Núñez Gaona, sería el primer oficial del San Carlos, Juan Pantoja y Arriaga, quien proporcionaría las primeras descripciones del puerto, mencionando ya sus malas condiciones como fondeadero, y anotando en su Diario de navegación que a unas 4 millas al oeste del puerto de Núñez Gaona se encontraba la punta de Martínez, y cerca de ella una isla pequeña y llana donde vieron una ranchería grande "a cuyos capitanes dan el nombre de Tutusi y Tatacuu".[1] Desde Núñez Gaona el San Carlos navegó hasta Nutka, pero la Santa Saturnina, incapaz de navegar contra el viento, emprendió el camino de regreso hacia Monterrey, y cuando llegó allí en septiembre de 1791 se encontró con los dos barcos de la expedición de Alejandro Malaspina que acababan de regresar de intentar encontrar el llamado Pasaje del Noroeste.

Notas

1. MECD, AHN, Estado, 4288, N.73.

12. Expedición de Alejandro Malaspina y José de Bustamante y Guerra

Alejandro Malaspina y José de Bustamante y Guerra habían iniciado en julio de 1789 su expedición política-científica alrededor del mundo, a bordo de las corbetas Descubierta y Atrevida.[1] Se trataba de una empresa marítimo científica ilustrada, que respondía al interés europeo existente por las ciencias en esta segunda mitad del Siglo de las Luces, y cuya finalidad era la de visitar las posesiones de la Monarquía hispánica en América y Asia para cartografiar las costas, confeccionar cartas marinas más precisas y recoger información de los lugares visitados, en cuanto a geografía, botánica, zoología, geología, etnografía, etc. Curiosamente, al finalizar una etapa de la expedición y llegar al puerto de Acapulco, una de las órdenes que habían recibido del monarca hispano era la de buscar el llamado Pasaje del Noroeste, pero también la de informar sobre cualquier asentamiento que existiese en aquellas tierras de la Alta California, ya fuese ruso o inglés. Navegó pues Malaspina hasta la bahía de Yakutat y la ensenada del Príncipe Guillermo, para comprobar que tal pasaje no existía, después, tras pasar por el puesto de Nutka, regresó al de Monterrey.

En el Diario que escribió Malaspina durante su navegación se recoge lo siguiente sobre las costas de California:

"divídese comúnmente la California en Vieja y Nueva. Aquella comprende toda la Península que corre desde el cabo San Lucas hasta el puerto de San Diego en latitud de 32° 16, y por Nueva California se entiende el terreno que sigue desde este último paralelo hasta el de 43° en que se halla situado el cabo Blanco de Martín de Aguilar".[2]

De las tierras más allá del paralelo 43° indica Malaspina en la relación de su viaje que no puede dar noticia de mucha calidad,

"ya que ninguno de nuestros navegantes modernos las han descrito, y probablemente no las han disfrutado, y las noticias que da el redactor del viaje de Sebastián Vizcaíno, además de no comprender aquellas particularidades que en el día son tan necesarias, parecen también algo exageradas, comparándolas con el estado actual de estos países".[3]

Pero Malaspina no solo apuntó en su Diario sus observaciones, sino que también hizo acopio de las noticias recibidas tras la expedición de 1775, anotando en él que:

"los señores Heceta y Cuadra, que en 1775 estuvieron en el puerto de la Trinidad y en el río inmediato de las Tórtolas, hacen mención particular de la frondosidad de estos parajes, igualmente que de la del puerto de Cuadra, que visitó este Comandante en 1790 a su regreso del Norte. El río de Martín Aguilar presenta en sus orillas, y hasta en sus mismas aguas, árboles y troncos de un tamaño singular, y, finalmente, el inglés Francisco Drake asemeja estas costas a las de Inglaterra por su frondosidad y ameno semblante. Lo que debe exceptuarse de esta general fertilidad son las sierras que forman el cabo Mendocino, el cual, como más saliente al Oeste y puesto casi como una barrera a los violentos esfuerzos del océano se presenta acantilado, compuesto de una sola masa de piedra y escarpado casi a pico, de modo que la vegetación parece ser un objeto secundario en este oportuno antemural".[4]

LOS YAKUTAT-TLINGIT Y LOS NUU-CHAH-NULTH

Si para conocer algo mejor el ámbito de los nativos de la costa noroeste en la segunda mitad del siglo XVIII, y adentrarnos en la parte más etnográfica de la expedición de Juan Pérez de 1774, hemos recurrido en esta aproximación histórica al estudio de algunas de sus vestimentas y objetos conservados en las colecciones del Museo de América de Madrid, para estudiar ahora los aspectos etnográficos de la expedición de Alejandro Malaspina, así como la inmediatamente posterior de Dionisio Alcalá Galiano y Cayetano Valdés y el asentamiento hispano en la bahía de Núñez Gaona, hemos empleado, además de los textos recogidos en los Diarios y las descripciones de los expedicionarios, los dibujos de los pintores que les acompañaron; dibujos estos que han sido estudiados en profundidad también por Sánchez Montañés.[5] Así, recoge la antropóloga y arqueóloga que el 27 de junio de 1791 los navíos de la expedición de Malaspina y Bustamante y Guerra fondearon en el llamado puerto Mulgrave, en el interior de la bahía de Yakutat, en el sudeste de Alaska, y hay claras evidencias de que se obtuvieron objetos de los yakutat tlingit, que también podrían ser eyak, ya que a finales del siglo XVIII eran pueblos hablantes de eyak los que se encontraban en el entorno de la bahía de Yakutat, aunque estaban siendo dominados por la expansión tlingit, por lo que los nativos con los que se encontraron los expedicionarios eran todavía en parte eyak, aunque las familias destacadas eran tlingit o habían adoptado ya su lengua y sus costumbres.

Tras una estancia de doce días en el dicho puerto, y después de navegar hacia el noreste, hasta llegar a asomarse a la entrada de del Príncipe Guillermo, el 12 de agosto arribaron los expedicionarios a la entrada Nutka, donde ya existía desde el año anterior un pequeño establecimiento, el fuerte San Miguel, la avanzada más septentrional del imperio de la Monarquía hispana, y donde permanecieron dieciséis días. Durante la expedición una serie de dibujantes, algunos artistas profesionales y otros no tanto, ilustraron con sus lápices y pinceles la realidad de los pueblos nativos que observaron. Tanto en la bahía de Yakutat como en la entrada de Nutka, y a pesar de los escasos días de parada de los navíos en ambos casos, los ilustradores hicieron retratos de los jefes, así como una serie de dibujos de indios e indias en los que se reflejan aspectos de la cultura material, vestidos, tocados, adornos, algunos temas relacionados con la organización social e, incluso, algún atisbo de su sistema de creencias. Además, en la bahía de Yakutat, realizaron a modo de viñetas una serie de dibujos que ilustran los incidentes que se produjeron entre nativos y españoles en el último día de parada de la expedición, afortunadamente sin graves consecuencias. Todos estos dibujos nos proporcionan información sobre varios aspectos de la cultura tradicional de los naturales.

En el primer caso sobre los que conocemos como yakutat-tlingit, y en el segundo sobre los que hoy se autodenominan nuu-chah-nulth, particularmente sobre los mowachaht y algunos representantes de otros pueblos de los alrededores de la entrada de Nutka. Nuu-chach-nulth es la actual denominación de los erróneamente denominados nootka en la antropología tradicional y nutka en las fuentes. El origen de la denominación, rechazada hoy en día por los nativos, proviene de Cook, como cuenta José Mariano Mociño en 1793 en su *Descripción de la isla de Mazarredo*,

> "no sé por qué equivocación le daría (Cook) el nombre de Nutca, pues los naturales desconocen este vocablo, y me aseguraron no haberlo sido jamás, hasta que comenzaron los ingleses a traficar en aquella isla. Sospecho que dio ocasión a este error la palabra Nut-chi, que significa montaña, pues los que Cook llamó Nutca, nunca han tenido entre los isleños otro nombre que Yut-qual".[6]

Como bien indica Sánchez Montañés,[7] además de en los dibujos de los ilustradores que viajaron en esta expedición, en los Diarios y en las descripciones realizadas por Malaspina se recoge una interesantísima información del área que entonces él denominó como Costa Noroeste. Información de carácter tanto geográfica como cultural, diferenciando ya tres regiones o provincias, la del norte, la del centro y la del sur. División que actualmente se sigue utilizando por los antropólogos y los estudiosos de dichas áreas, como etnográfica, al considerar ya entonces que todos los habitantes desde la bahía de Yakutat hasta la bahía Dry, en el sureste de Alaska, pertenecían a la misma nación, y aunque él les llamó la tribu de los Tejunés (por estar hechos sus arcos de esta madera), se trata del grupo que actualmente denominan los antropólogos yakutat tlingit. El término tejunés (o tejuneses) no es propio de la lengua tlinglit, sino una palabra eyak que significa persona, lo que nos indica que por aquel entonces los tlinglit se estaban expandiendo hacia territorio eyak e iban incorporando algunos de sus términos a su propia lengua.

Como ilustrador viajaba en esta expedición Tomás de Suria. Los dibujos que Suria realizó en su Cuaderno son apuntes del natural acompañados, además, por sus propios escritos (actualmente se encuentran en la Universidad de Yale, en la colección Beinecke de Libros y Manuscritos raros, *Quaderno que contiene el ramo de Historia Natural*), y entre ellos destacan los de la bahía de Yakutat, donde, nada más haber doblado las naves la Punta Carrew y haber empezado a adentrarse en la bahía de Monti, en el sureste de la gran bahía, se empezaron a aproximar canoas de indios y se estableció contacto con ellos. Esta bahía se cierra al norte por la isla de Khantaak, en cuyo extremo sur y en una abigarrada cala se encontraba el poblado que se denominó Puerto Mulgrave. Allí llegaron los expedicionarios a finales de junio, tras cincuenta y cuatro días de navegación desde Acapulco, y a una legua del puerto se produjo el primer contacto con los nativos tlinglit. Fue entonces cuando los hombres de Malaspina tuvieron ocasión de observar con detenimiento el kayak, la peculiar embarcación que suele asociarse con latitudes más septentrionales, pero que también utilizaban los tlingit, y que Suria describió y dibujó en más de una ocasión, y también allí retrató al que probablemente era el jefe del lugar en el que fondearon las corbetas, llamado Ankaìvi. A la vista de este retrato y de los comentarios en los diferentes Diarios, y pese a que la breve estancia de Malaspina en Puerto Mulgrave hizo imposible que llegaran a darse cuenta de la compleja organización social de los pueblos nativos de la costa noroeste, y en particular de los yakutat tlingit, los expedicionarios sí recogieron apreciaciones sobre la desigualdad social y percibieron la existencia de nobles, plebeyos y esclavos, es decir, de clases sociales completamente diferenciadas. En concreto, los habitantes de la bahía de Yakutat, como todos los tlingit, tenían una clase de aristocracia compuesta por los jefes y sus familiares más cercanos, que contrastaban claramente con la gente común.

CONTINÚA LA EXPEDICIÓN DE MALASPINA

Mientras permanecieron en Mulgrave la relación entre los expedicionarios y los naturales fue amistosa y, aunque existieron algunos conflictos puntuales, relacionados fundamentalmente con supuestos hurtos hechos por los tlingit cuando subían a la cubierta de los navíos hispanos, ninguno de ellos desembocó en conflicto. Así, los resultados de la estancia en dicho puerto fueron muy positivos y, además del comercio y los intercambios realizados con los nativos, se logró comprobar que no existía el imaginado Paso del Noroeste, se cartografió la costa y se tomaron las latitudes y longitudes tanto del puerto como de lugares cercanos, se estudió la flora y fauna del lugar y se realizó una gran aportación a la etnografía mediante el estudio de la cultura y las costumbres de los naturales del lugar.

De Mulgrave, los hombres de Malaspina continuaron navegando hacia el norte, observaron el cabo Hinchinbrook, a la entrada de la ensenada de Príncipe Guillermo, y después entraron en el canal que forman la isla Montague y la isla Magdalena, llegando hasta los 61 grados, superando así los 60 grados de latitud marcados en las instrucciones de su viaje. Debatieron entonces si continuar hasta los 70 u 80 grados, pero lo avanzado de la temporada les hizo regresar hacia el sur por lo que su siguiente escala fue en Nutka. Allí, en el establecimiento de Santa Cruz, estaba el capitán

Alberni para recibirles, ya que Eliza se encontraba ausente. También les visitó el jefe Tlupanamibo, que les ofreció su ayuda frente a la desconfianza del primer jefe Macuina, quien finalmente, después de que los expedicionarios explorasen la costa hasta Tasis, su residencia principal, también les visitó e incluso aceptó que algunas de sus mujeres subieran a los navíos para que pudieran ser retratadas. Suria reflejó en sus dibujos y en su Diario todos estos acontecimientos y, por su parte, los oficiales al mando de la expedición también recopilaron en sus Diarios una interesante información sobre los costumbres de los nutquenses, antes de zarpar hacia el sur para navegar hasta Monterrey. Una vez allí, Malaspina recibió las noticias de los expedicionarios de la Santa Saturnina, y las relativas al descubrimiento del Canal de Nuestra Señora del Rosario (actual estrecho de Georgia) le hicieron pensar en la importancia de realizar una exploración más específica, así que navegó primero hasta San Blas y después hasta Acapulco donde, tras recibir las instrucciones del virrey, dispuso que dos de sus oficiales predilectos, Dionisio Alcalá Galiano y Cayetano Valdés, a bordo de las goletas Mexicana y Sutil, navegasen hasta la bahía de Nutka, circunnavegasen la isla de Vancouver y estudiasen el estrecho de Juan de Fuca hasta el Canal del Rosario.

Notas

1. Malaspina, Alejandro y Bustamante y Guerra, José de. *Viaje político-científico alrededor del mundo*, Imprenta de la viuda e hijos de Abienzo, Madrid, 1885.
2. Ibídem.
3. Ibídem.
4. Ibídem.
5. Sánchez Montañés, *Los pintores en la expedición de Malaspina*

en la costa Noroeste. Una etnografía ilustrada, Col. De acá y de allá, Fuentes etnográficas, Madrid, CSIC, 2013.

6.   Mociño y Losada, Ob. cit.

7.   Sánchez Montañés, Ob. cit.

13. Expedición de Dionisio Alcalá Galiano y Cayetano Valdés

Salieron estas dos naves de Acapulco en marzo de 1792 y llegaron a Nutka a mediados de mayo. El 4 de junio navegaron por el estrecho de Fuca y ese mismo día por la tarde fondearon en el puerto de Núñez Gaona, donde se encontraron con Salvador Fidalgo, que había viajado desde San Blas y había llegado al dicho puerto a finales de mayo de 1792, a bordo de la fragata Princesa, con el objetivo de cumplir la orden del virrey Revillagigedo de establecer un asentamiento permanente en la bahía de Núñez Gaona, una posición fortificada frente al pueblo de los makah, convirtiéndose este lugar en el primer asentamiento europeo en el actual Estado de Washington. Y es que pensaba el virrey que si dicho puerto resultaba adecuado para establecer en él la nueva base de la Monarquía hispana en el Pacífico, se podría ceder Nutka a los ingleses sin demasiados inconvenientes.

FIGURA 11. *Macuina, Jefe de Nutka, Retrato de Tomás de Suria, dibujante de la expedición de Malaspina, 1792*[1]

LOS MAKAH

Los habitantes de dicha bahía eran desde hacía más de tres mil años, y aún lo son, los indios makah, una fracción del pueblo nuu-chach-nulth de lengua wakash, cuya tribu estaba formada por cinco pueblos, conocidos también todos ellos como la gente del Cabo. Sus territorios ancestrales se extendían a lo largo de un área cultural que iba por la costa desde el delta del río Copper en el golfo de Alaska hasta la frontera entre Oregón y California, y tierra adentro desde las montañas costeras de la British Columbia hasta las montañas Cascadas de Washington y Oregón. El mar, al igual que para el resto de los habitantes de la costa, siempre fue muy importante para los makah y aunque el origen de su nombre (según otras tribus vecinas) significa pueblo generoso con la comida, en su lengua ellos se hacían llamar qwi-dich-cha-at, que quiere decir el pueblo que vive cerca de las rocas y las gaviotas. En la costa se proveían de peces, mariscos y moluscos, y también aprovechaban los recursos naturales de los densos bosques del interior durante las distintas épocas del año para su sustento, así como la madera del cedro rojo para construir largas canoas, que incluso podían tener velas, con las que hacerse a la mar para la pesca de ballenas, focas y nutrias. Eran expertos navegantes, por lo que no les preocupaba alejarse y perder de vista la tierra. La caza de ballenas, al igual que para el resto de los nuu-chach-nulth tenía una gran importancia, tanto para su sustento y economía, ya que aprovechaban la carne, la grasa y los huesos, como para su cultura y sus tradiciones, por lo que estaba acompañada de rituales y ceremonias espirituales, además de inspirar canciones, bailes y motivos decorativos en diversos objetos y adornos personales de su artesanía. Solían vivir en cabañas hechas con tablones de madera y, al igual que sus vecinos del norte, erigían impresionantes tótems que eran tanto símbolos de protección como emblemas de los distintos clanes en los que estaba organizada su sociedad.

Volviendo a las expediciones hispanas, como ya hemos comentado, en 1792 Dionisio Alcalá Galiano y Cayetano Valdés y Flores navegaron también hasta la bahía de Nutka, para después circunnavegar la isla de Vancouver. Viajaba junto a Galiano y a Valdés el botánico mexicano José Mariano Mociño, un joven médico criollo de Temascaltepec, que acompañó a los exploradores en las costas de la isla de Nutka, y al que ya hemos mencionado en varias ocasiones. Tal y como nos indica el científico mexicano Xavier Lozoya en su obra *José Mariano Mociño. Un naturalista mexicano que recorre Nutka, Canadá, en el siglo XVIII*,[2] esta historia corresponde a una curiosa época en la que los habitantes de Canadá eran los indios a estudiar y los mexicanos eran los ilustrados científicos, botánicos y naturalistas. Y es que los ilustrados intelectuales de la Nueva España discutían sobre la existencia de posibles similitudes entre los nativos de México y Nutka desde que en 1786 el estudioso José Francisco Ruiz Cañete, tras consultar la obra de los viajes del capitán Cook y sus descripciones de Nutka, publicara en la Gaceta de la Literatura de México de José Antonio de Alzate y Ramírez un estudio sobre el *Origen de los indios megicanos*[3] y sus semejanzas con los trajes de los nutkenses, así como el parecido de las esculturas de ambos pueblos y, por último, del lenguaje de los nutkenses, que resultaba extraordinariamente semejante al náhualt. Tanto el científico Alzate como Ruiz Cañete sostenían que tales semejanzas eran indicios del origen común y migración de los indios americanos. Mociño, que era amigo y admirador de Alzate, por lo que es de suponer que conocía la hipótesis de estos intelectuales ilustrados, decidió proporcionar en su obra nuevos elementos para la discusión del tema, aunque se declaró inexperto para dar por confirmada la hipótesis de que ambas lenguas poseyeran un origen común. En su compañía iría un amigo, el dibujante de la expedición Atanasio Echeverría, también mexicano, que ilustraría con bellísimas láminas la información recopilada por Mociño.

Navegaría de nuevo en esta expedición, la de Galiano y Valdés, De la Bodega y Quadra, pero como ahora ya era comandante del Departamento de San Blas en esta ocasión no lo haría como marino sino como comisionado por la Corona para fijar con el inglés George Vancouver las fronteras de ambas naciones en el noroeste de América (que Bodega intentaría establecer en la bahía de Nutka y Vancouver, defendiendo los intereses de su nación, en la mucho más meridional bahía de San Francisco) y poner en práctica el Tratado del Escorial, firmado en 1790 entre Inglaterra y España, por el cual ambas potencias se comprometían a mantener la paz alterada por el conflicto de Nutka tras las acciones llevadas a cabo por Martínez de la Sierra. Así que Mociño, que incluso llegó a aprender una parte sustancial de la lengua tlingit para poder entender su mentalidad y su cultura, tuvo la oportunidad no solo de conocer de primera mano los encuentros de De la Bodega y Quadra y Vancouver para resolver la crisis, sino también las relaciones tanto de los españoles como de los ingleses con el príncipe Macuina, e incluso la reconciliación de los hispanos con el pueblo nutkense. Se encontraban estos todavía algo recelosos tras lo sucedido con Martínez y la muerte del indio Quelequem, no obstante los intentos de congraciarse con Macuina llevados a cabo por Pedro Alberni, con la intención de volver a establecer cordiales relaciones, cuando Martínez fue relevado por Eliza en 1790. Y toda la información al respecto la recogió en su interesantísima obra *Noticias de Nutka*, libro que escribió el explorador en 1793 a su regreso del viaje.[4]

OBSERVACIONES DE JOSÉ CARDERO

Como ilustrador de la expedición de Dionisio Alcalá Galiano y Cayetano Valdés y Flores viajaba José Cardero, que también había acompañado anteriormente a Malaspina en su viaje buscando el Paso del Noroeste, durante el cual había aprendido mucho de Tomás de Suria, a quien apreciaba como un maestro y del que asimiló todas sus enseñanzas. Llegó la expedición a Nutka el 13 de mayo de 1792, y allí permanecieron hasta el 5 de junio cuando se dirigieron a explorar el estrecho de Juan de Fuca. Tal y como recoge Sánchez Montañés en sus estudios sobre los pintores de esta expedición, en la primera parada de Galiano y Valdés, dos días en el puerto Núñez Gaona (actual bahía Neah), los ilustradores realizaron retratos de un jefe y de sus esposas, además de alguna vista del establecimiento. A partir de ese momento y a lo largo de la ruta de la expedición, siguiendo el estrecho de Juan de Fuca y los estrechos de Georgia, Johnston y Reina Carlota, diferentes pueblos, primero de la lengua salish y posteriormente kwakwaka´wakw, aparecen en las ilustraciones, tanto en forma de retratos como de composiciones que ilustran escenas y acontecimientos concretos del viaje. Aunque muchos de estos dibujos son apuntes, aparentemente tomados del natural con trazos rápidos, muchos otros se terminaron e incluso se compusieron posteriormente, bien en México o en España, sobre los apuntes de otros, entremezclando así elementos de distintas culturas nativas e introduciendo en ocasiones elementos ajenos, siendo así representaciones un tanto irreales o que reflejan una realidad diferente de la existente, por lo que los personajes representados en los dibujos de la expedición, especialmente en las escenas complejas, muestran claramente posturas estereotipadas. Es por ello que, insiste Sánchez Montañés, los dibujos deben ser siempre analizados en compañía de la información que se recogió en los muchos Diarios e informes de la expedición, ya que aislados su información etnográfica es incompleta.

Así, al inicio de esta exploración los expedicionarios observaron los poblados de invierno de los makah, la división meridional de los pueblos nativos de lengua nuu-chach-nulth, quienes se encontraban más en el interior del estrecho, en torno a la actual bahía Neah. Antes de fondear en la dicha bahía o puerto de Núñez Gaona, pasaron cerca de la isla de Tatoosh, de la que Cordera hizo un dibujo titulado *Fortificación de los Indios del Estrecho de Fuca*, aunque el título correcto debería ser El poblado de Tatooche en la isla de Tatoosh, frente al cabo Flattery, ya que realmente no se trataba del establecimiento hispano. El 6 de junio las goletas fondearon en la bahía Neah, donde se encontraron con Salvador Fidalgo, ocupado en las tareas de construir un asentamiento, a la espera de las órdenes de Bodega y Quadra y de los resultados de la negociación con Vancouver. Y aunque el piloto Antonio Serrantes, uno de los hombres de Fidalgo, había muerto a manos de los indios, este había logrado establecer una buena relación con los nativos. No obstante, parece ser que a Alcalá Galiano no le gustó mucho el puerto, fundamentalmente por estar muy expuesto a los vientos, sobre todo a los del norte, lo que le llevó a presentar un informe desfavorable sobre el lugar. Por su parte Bodega, tras la entrevista con Vancouver y la decisión de mantener, por el momento, el establecimiento de Nutka, también viajó al puerto de Núñez Gaona para encontrarse con Fidalgo e indagar sobre lo ocurrido con el piloto de la Princesa, y en su Diario registró la entrevista que tuvo con el jefe Tlatacu (Tetacus) y su hermano Tututsi (Tatoosh) para investigar su muerte, concluyendo que el piloto desobedeció las órdenes expresas de no aventurarse solo con los nativos y que los indios de una ranchería próxima le asesinaron para robarle y, temerosos del castigo que podrían recibir por tal acción, huyeron, siendo imposible capturarles. Quizás ese fue uno de los motivos por el que se decidió abandonar el asentamiento de Núñez Gaona y mantener el de Nutka, aunque Bodega siempre alegó la mala ubicación del puerto. De hecho las relaciones con los nativos, y especialmente con sus jefes, no debieron ser malas ya que Bodega antes de dejar el asentamiento dio órdenes expresas de que se cediera a los indios la barraca que se había construido en tierra sin quitarle ni un solo palo. Y es que, además de su mala ubicación, los problemas con Inglaterra y el supuesto reparto del territorio hicieron que se considerasen otras alternativas a la de la bahía de Neah, y que la historia de este establecimiento fuese muy corta, abandonándose el 29 de septiembre de 1792.

Antes de ser abandonado, realizó Cardero una lámina del establecimiento, a la que añadió un dibujo de la gran canoa de guerra de Tetaku, y aunque, como indica Sánchez Montañés,[5] el dibujo del puerto se ajusta más o menos a la realidad, con dos cabañas además de las goletas, la fragata Princesa y algunas canoas de nativos, la gran canoa de guerra es realmente un añadido, ya que dicha canoa fue vista y descrita minuciosamente en los Diarios de los expedicionarios, pero en otro lugar, en el puerto de Córdoba, hasta donde el jefe Tetacus había acompañado a la goleta Mexicana en la travesía del estrecho de Fuca, donde existía una ranchería de otro grupo, y de la que probablemente era jefe por matrimonio. Fue allí donde los expedicionarios observaron la canoa de guerra, que seguramente se encontraba en ese lugar tras haber desplazado a una de las esposas del jefe. Tenía esta canoa un águila en la proa, y el mismo Tetacus hizo un dibujo en un papel de ella y explicó que había visto cómo un ave similar, con la cabeza muy grande y dos cuernos en ella, había descendido de las alturas al mar para agarrar una ballena y volverse a elevar. Debía tratarse, según Sánchez Montañés, de un Pájaro del Trueno, el ave que se identifica siempre con los jefes principales nuu-chach-nulth, cuya iconografía está claramente inspirada en el águila de Steller o pigargo, la más grande de las águilas marinas. Esta famosa canoa de guerra del jefe makah debió ser muy llamativa para los pintores, ya que vuelve a aparecer en otra lámina, y a muchos kilómetros al norte, en la vista del puerto de Núñez Gaona, que no es tal sino realmente la parte sureste de cala de los Amigos (Friendly Cove en inglés), el establecimiento de San Lorenzo de Nutka y el baluarte de San Miguel erigido sobre la isla de San Rafael, donde aparecen las tiendas levantadas por los hombres de Fidalgo (almacén, panadería, herrería, una estructura de la futura vivienda de los oficiales), una de las corbetas de la expedición, varias canoas de los nativos y de nuevo la canoa de guerra del jefe Tetacus. Esto, siempre de acuerdo a las investigaciones realizadas por Sánchez Montañés, dio lugar al error de titular la lámina como puerto Núñez Gaona, cuando realmente se trata del baluarte de San Miguel, lo que demuestra, de nuevo, la necesidad de interpretar siempre los dibujos de estas expediciones con los textos de los Diarios de los expedicionarios.

FIGURA 12. *Puerto de Núñez Gaona, de José Cardero, c. 1792.* Actualmente Friendly Cove. En tiempos de Cardero era en realidad San Lorenzo de Nutka, frente al baluarte de San Miguel levantado sobre la isla de San Rafael. Incorporó Cardero a esta imagen del límite norte de los dominios reclamados por España la célebre canoa del jefe Tetacus.[6]

OBSERVACIONES DE JOSÉ MARIANO MOCIÑO

Otros escritos y descripciones de sumo interés derivados de esta expedición son los realizados por Mociño quien, tras meses de convivencia con los nativos, trasladó a su *Descripción de la isla de Mazarredo en donde se halla el fondeadero de Nutka* no solo información sobre sus habitantes, sino también sobre su modo de subsistencia, su entorno, su religión, sus costumbres y usos, así como el de los pequeños cilindros de cobre que colgaban a las orejas:

> "acostumbran desde pequeños a abrirse 3 o 4 agujeros por toda la extensión pulpejo inferior de las orejas y una o dos en la ternilla intermedia de las narices (...) de las primeras cuelgan varios hilos o correas que anudan separadamente a poco más de una pulgada

de la oreja, de ésta suelen prender algunas planchitas de cobre redobladas en forma de cilindro de pulgada y media a dos pulgadas de longitud, otros traen hasta tres o cuatro aretes juntos ensartado uno con otro sin orden ni proporción, y sin procurar que sea igual el adorno en ambos lados".[7]

Incluso recogió Mociño cómo estos experimentaron el primer contacto con los expedicionarios hispanos cuando Pérez Hernández llegó hasta allí en 1774, y estuvo fondeado en la punta que él mismo llamó de San Sebastián, y Cook después de Arrecifes, indicando que:

"la vista de esta embarcación llenó al principio de temor a los naturales, que hasta ahora testifican haber quedado sobrecogidos de espanto desde el momento que vieron sobre el horizonte la corpulenta máquina que poco a poco iba acercándose a sus costas, creyendo que Quautl les viniese a hacer segunda visita, y aún recelaron fuese por castigar las maldades de aquel pueblo. Quantos pudieron se ocultaron en las Montañas, otros se encerraron en sus cabañas, y los más atrevidos tomaron sus piraguas para reconocer desde cerca la mole que sobresalía en el Océano. Acercáronse en efecto medrosamente pero sin llegar su animosidad al abordaje, hasta que al cabo del tiempo atraídos por las señas amistosas con que la tripulación española los llamaba hubieron de llegar a bordo, y registrar con admiración tantos objetos nuevos y extraordinarios, como aquel buque les presentaba. Recibieron algunos regalos y por su parte obsequiaron también con pieles de nutria al capitán. En el diario de éste, que he leído original, consta que ni él ni alguno de sus marineros saltaron en tierra, y expresamente se colige del mismo que tampoco reconocieron los puertos que a cinco leguas de distancia hacia el norte les hubieran proporcionado mucho alivio. Dieron últimamente la vela para el sur sin demarcar con exactitud si quiera el arrumbamiento de la costa, contentándose solo con determinar la latitud de aquella entrada que llaman de San Lorenzo. Echaron de menos después entre otras cosas algunas cucharas, que excitaron desde luego la codicia de los naturales en cuyo poder encontró una de ellas cuatro años después el capitán Cook".[8]

Notas

1. Museo de América, Inventario 02262 [Macuina, Jefe de Nutka]

2. Lozoya, Xavier. *José Mariano Mociño. Un naturalista mexicano que recorre Nutka, Canadá, en el siglo XVIII*, en Historia Mexicana, julio 1984.

3. Ruiz Cañete, José Francisco. *Sobre el origen de los indios megicanos (1788-1790)*, en Gacetas de Literatura de México, reimpresa en la oficina del Hospital de San Pedro, México, 1831.

4. Monge, Fernando y Del Olmo, Margarita. *Las Noticias de Nutka de José Mariano Moziño*, edit. CSIC, Aranjuez, 1999.

5. Sánchez Montañés, Ob. cit.

6. Museo de América. Inventario 02270.

7. Mociño y Losada, Ob. cit.

8. Ibídem.

14. Últimas expediciones

EXPEDICIÓN DE JACINTO CAAMAÑO

Volvamos a las expediciones realizadas a finales del siglo XVIII, ya que ese mismo año de 1792 Jacinto Caamaño, cuñado de Francisco de Eliza, que ya había participado en 1790 en una expedición a la costa noroeste del Pacífico, navegaría toda la costa sur del estrecho de Nutka, junto con los pilotos Juan Pantoja y Arriaga y Juan Martínez y Zayas, a bordo de la corbeta Nuestra Señora de Aránzazu, y realizaría un breve reconocimiento de la Entrada de Bucareli. Desde allí se dirigiría hacia el este, a las cercanías de la punta de San Bartolomé, a la punta de San Félix, al puerto de Santa Cruz, al puerto de los Dolores, al del Refugio y al de la Estrella, para regresar de nuevo al oeste hacia las costas septentrionales de las islas de la Reina Carlota. Y aunque para entonces gran parte de esa costa ya había sido explorada por navegantes de otras potencias, y ya habían tenido contactos con los naturales, aún fueron muchos los lugares que Caamaño descubrió y nombró en la zona, y que han sobrevivido hasta hoy en día como el paso de Caamaño y las islas Zayas. En esta expedición se realizaron estudios cartográficos y geográficos de gran precisión, y también dio lugar a un interesante Diario escrito por Caamaño en el que se recoge tanto su minucioso recorrido, como algunas noticias de los habitantes de la Entrada Bucareli, los tlinglit, entre las que anotó que las mujeres:

"se adornan con cinco argollones de hierro, cuatro estrechos que llevan en las muñecas, y en las proximidades de los tobillos, y uno acalabrotado de grande diámetro respecto al cuello en que lo colocan. También se cuelgan del septum de la nariz, que está horadado como las ternillas de las orejas, una media luna de cobre o nácar de las conchas de Monterrey, de que traen pedazos pendientes de aquellas. La molestia del peso de las argollas, ni el sacrificio de taladrarse la nariz y orejas, las dispensa del más feo de los aderezos a los ojos de un europeo".[1]

También apuntó Caamaño en su Diario que tanto estas mujeres como las del puerto de Floridablanca y las de las cercanías del surgidero de San Roque, utilizaban la tableta en el labio.

NUEVA EXPEDICIÓN DE FRANCISCO DE ELIZA

En 1793 Eliza, a bordo de la goleta Activa, acompañado de la goleta Mexicana y el piloto Juan Martínez y Zayas, volvió a reconocer de nuevo la costa entre el estrecho de Juan de Fuca y la bahía de San Francisco. Ambas goletas partieron del puerto de San Blas, pero pronto se separaron, y mientras que Eliza se encontró con grandes dificultades, y tuvo que alejarse de la Mexicana, recalando en la costa por algo más de los 43 grados y bajando después a los puertos de la Trinidad (territorio de los yurok) y la Bodega (territorio de los miwoks costeros), Martínez Zayas sí que logró alcanzar la latitud deseada, el puerto de Núñez Gaona. Después atravesó el estrecho hasta el puerto de San Juan y desde allí comenzó a navegar hacia el sur por las costas de Washington y de

Oregón, e incluso llegó a explorar la desembocadura del río Columbia (también conocido como Wimahl o Gran Río por los nativos que habitaban en su curso bajo). Este viaje dio lugar a la elaboración de diversos mapas y de una carta esférica que representa la costa comprendida entre la punta de Tutasi meridional de la boca sur de Fuca, y el puerto de San Francisco.[2] Así, Eliza y Zayas fueron los últimos exploradores hispanos que levantaron mapas cartográficos de aquellos territorios de gran valor.[3]

Finalmente se celebraron varias conferencias más, hasta que en febrero de 1793 se firmó la *Segunda Convención de Nutka*, por la que se compensó a John Meares económicamente por el apresamiento de sus barcos en 1790 por Martínez, y el 11 de enero de 1794, ante las cuestiones que aún quedaban por resolver del Tratado de 1790, se firmó una Tercera Convención, en la que los gobiernos británico y español establecieron permitir el comercio de ambas naciones en la región, el abandono por parte de los españoles del presidio San Miguel y también que ninguna de las dos potencias construiría en adelante establecimientos de carácter permanente en dicha región.

Mientras, la guarnición de Nutka sufrió continuas bajas debido a las deserciones, las evacuaciones a la Nueva España, las enfermedades y el frío, y si en su momento de mayor población contó con algo más de setenta hombres, en 1793 sólo se encontraban allí cincuenta y nueve de la guarnición de Voluntarios de Cataluña, y esta fue relevada por veinte hombres de la Compañía Fija de San Blas, que permanecieron en el presidio hasta marzo de 1795. Un año antes, en 1794, se nombró a José Manuel de Álava como nuevo comisionado para el asunto de Nutka y Salvador Fidalgo le acompañaría hasta allí con la fragata Princesa, pero como los ingleses no llegaban se retiraron a invernar al puerto de Monterrey. Finalmente, en 1795 el comisionado inglés llegó al puerto de San Blas, desde donde viajó hasta Monterrey y después a Nutka para firmar los tratados acordados. Mientras ambos delegados regresaban al puerto de San Blas, el último comandante hispano de Nutka, Ramón Saavedra, empezaba a desmantelar los edificios españoles, con la finalidad de evitar que fuesen aprovechados por otros, y embarcaba su artillería y sus hombres para partir hacia el sur. Fueron relevados en junio de 1794 por una escuadra de diecinueve soldados, destacados de la Compañía Fija del puerto de San Blas, bajo el mando del sargento segundo Francisco Virueta. El servicio de los diecinueve hombres de esta Compañía en Nutka terminó definitivamente el 23 de marzo de 1795 cuando regresaron a la Nueva España y dejaron aquella bahía a sus dueños originarios, el jefe Macuina y sus gentes, poniendo así fin a la presencia hispana en la región.

LA COMPAÑÍA FIJA DEL PUERTO DE SAN BLAS

Sobre la Compañía Fija del puerto de San Blas, a la que pertenecían los últimos hombres que permanecieron en Nutka, hemos de recordar que autoridades hispanas habían entendido ya desde 1768, año de su fundación, la importancia del puerto de San Blas como punto estratégico tanto para impulsar las expediciones y el comercio en el noroeste de la Nueva España, e incluso con Asia, como para la protección de las costas del virreinato y el freno de las expediciones piratas. Pero debido a la continua falta de personal, provocada fundamentalmente por las dificultades del territorio, con unas condiciones climáticas muy adversas, y también por la activa participación de sus soldados en todo lo relativo a la colonización y defensa de las Californias y a las navegaciones de expedición hacia el noroeste del continente, en 1787, bajo el mandato del virrey Manuel Antonio Flores, se formó la Compañía Fija del puerto de San Blas. Inicialmente esta Compañía estaba compuesta por setenta y seis hombres que reforzarían el departamento naval de San Blas en cuanto a su guarnición (treinta soldados), las misiones de colonización y los viajes de exploración hacia el norte. En el Reglamento de la Compañía Fija se expresaba ya la escasez de españoles para formarla y se establecía que estaría compuesta por gente voluntaria habituada a aquel clima, es más, se hacía hincapié en dicho Reglamento en que "la gente que sirva en esta Compañía sea de la misma costa, porque conocen bien su terreno y están connaturalizados a sus nocivos temperamentos",[4] por lo que se admitieron "indistintamente españoles, mestizos y pardos".[5] En 1792 el virrey Revillagigedo expresaba la necesidad de aumentar los hombres de la dicha Compañía hasta en diez. En febrero de 1797, cuando ya habían regresado los últimos hombres que permanecían en Nutka pertenecientes a esta Compañía, el comandante del departamento naval de San Blas, Francisco de Eliza, pasó revista a la Compañía de Infantería Veterana y Fija de San Blas, anotando que de su legítima dotación, que era de ciento cinco soldados, ochenta y seis plazas ocupaban sus puestos, y que de ellos dos eran soldados de España la Vieja (uno de Castilla la Nueva y uno de Andalucía), mientras que los ochenta y cuatro restantes eran de España la Nueva, es decir, de la Nueva España.[6]

ÚLTIMO VIAJE A NUTKA

Pero volvamos a Nutka, aunque el fuerte San Miguel se desmanteló y los últimos soldados hispanos abandonaron el territorio, como nos indica la historiadora y archivista Alicia Paz Herreros Cepeda en su artículo titulado *Breve introducción a la presencia española en el Noroeste de América*,[7] el entonces virrey de la Nueva España, Miguel de la Grúa Talamanca, marqués de Branciforte, ordenó que cada seis meses se efectuara un viaje desde México a Nutka con el objeto no sólo de mantener la presencia hispana en la zona, sino de dejar claro tanto a los rusos como a los británicos que las Convenciones de Nutka no suponían una renuncia total de la Monarquía hispánica en cuanto a sus intereses en la región. Pero la realidad de los recursos disponibles y de las circunstancias se impuso, y tan solo se llegó a efectuar uno de aquellos viajes, más simbólico y testimonial que práctico, en 1796, y tras él ya no hubo ninguna actividad en las costas situadas al norte de California.

NOTA DE LA AUTORA SOBRE EXPEDICIONES IMAGINARIAS O APÓCRIFAS

Sobre las expediciones imaginarias o viajes apócrifos del capitán Lorenzo Ferrer Maldonado (1588), de Juan de Fuca (1592) y del almirante Bartolomé Fonte (1640) y sus búsquedas del Paso del Noroeste, solamente decir que, aunque durante mucho tiempo se les dio bastante importancia, han sido varios los oficiales de la marina y los estudiosos que han llevado a cabo indagaciones e investigaciones sobre ellos para poder confirmar que las tres expediciones fueron más bien imaginarias y engañosas, que respondían fundamentalmente a intereses particulares y no eran sino fruto de enredos y fábulas basadas en noticias confusas, fechas poco concretas e inexactitudes geográficas. Nosotros, en esta aproximación histórica nos hemos limitado a estudiar los viajes que se encuentran bien documentados, y al no haber encontrado ningún rastro de estas tres expediciones en la documentación consultada, y nunca haberse establecido realmente su veracidad, no las hemos considerado de interés en nuestro estudio. No obstante, no queremos dejar de señalar que las referencias que de estos viajes aparecen en la cartografía española se deben fundamentalmente a que dichas expediciones sí que fueron recogidas en los mapas de los franceses, además de en los de los ingleses y los rusos. Y es que, cuando el jesuita Marcos Burriel revisó en 1750 los mapas del también jesuita Miguel Venegas, tuvo que insertar información geográfica de carácter más reciente. Así, aunque el propio Burriel catalogó dichos viajes como absurdos, su grabador, Manuel Rodríguez, se vio en la obligación de hacer referencia a ellos en el *Mapa de la América Septentrional* publicado en 1754, por estar éstos plasmados en los mapas elaborados por los geógrafos y cartógrafos extranjeros (como los de los franceses Guillaume Delisle y Philippe Buache).

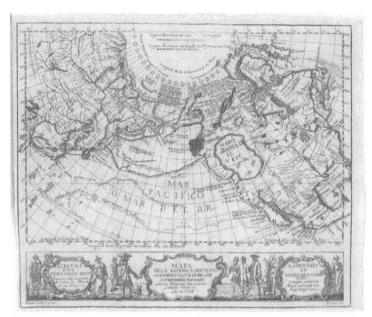

FIGURA 13. *Mapa de la América Septentrional, Asia oriental y Mar del sur, intermedio formado sobre las Memorias más recientes y exactas, hasta el año de 1754.* Publicado en 1756 en la Noticia de la California y de su conquista temporal y espiritual hasta el tiempo presente (...), tomo 1, obra del jesuita Miguel Venegas.[8]

También nos gustaría incidir en la imposibilidad de recoger en este estudio todos los nombres de aquellas personas que participaron, de una u otra manera, en los viajes realizados por la costa noroeste del continente americano, así como los de la mayoría de los accidentes geográficos que observaron y nombraron, los lugares en los que desembarcaron, los pueblos nativos que observaron o con los que tuvieron algún tipo de contacto y la totalidad de los sucesos acontecidos durante dichos viajes. Y es que para poder hacer un acopio de toda esa información sería necesario, además de muchísimos más medios y tiempo de estudio e investigación, la publicación de un libro de mayor envergadura, excesivamente más voluminoso, que este estudio, que básicamente trata de ser un acercamiento o una aproximación, fundamentalmente mediante partes o extractos de textos históricos, a algunos de los hechos que sucedieron a lo largo de varios siglos, desde los primeros descubrimientos en las costas californianas y la continua búsqueda del Paso del Noroeste, hasta que el Pacífico dejó de ser un espacio bajo el dominio de la Monarquía hispana para convertirse en un escenario más cosmopolita.

Notas

1. El original de este Diario se encuentra en el Archivo General de la Nación de México y en CODOIN, 1849-95, volumen 15, páginas 323-63.

2. MECD, AHN, Estado MPD, 32 a 36.

3. Sus Diarios se encuentran en el Archivo General de la Marina "Don Álvaro de Bazán", AGM, Histórico, legajo 4827, oficiales de guerra, legajo 620/355 expediente de Eliza; y Pilotos, legajo 3389/30, expediente de Martínez y Zayas.

4. MECD, AGS, SGU, Legajo 7035, 18.

5. Ibídem.

6. MECD, AGS, SGU, Legajo 7030, 11.

7. Herreros Cepeda, Alicia. *Breve introducción a la presencia española en el Noroeste de América*, en las actas, ponencias y comunicaciones presentadas en el Congreso El Ejército y la Armada en el Noroeste de América: Nootka y su tiempo, Universidad Rey Juan Carlos, Madrid, 2011.

8. John Carter Brown, Biblioteca de Brown University. Accession Number 01559.

Sección IV
Nutka y Oregón

15. El territorio de Nutka, su disputa y los Tratados para resolver su soberanía

El territorio de Nutka, Nutca, Nootka, Notka o San Lorenzo de Nutka, comprendía las islas de Nutka, la de Quadra y Vancouver (llamada así desde 1792 en homenaje al amistoso encuentro que tuvieron el comandante español y el capitán inglés, nombre que los cartógrafos de la Compañía de Hudson acortaron después hasta dejarlo en Vancouver), la de Flores y otras del actual estrecho de Georgia (que había sido llamado Canal del Rosario por Eliza), así como la totalidad del actual Lower Mainland, en la Columbia Británica, y la mitad sur de esta provincia canadiense. A estas tierras habría que añadir una gran parte de los actuales estados norteamericanos de Washington, Oregón, Idaho y Montana. Dicho territorio fue gobernado desde la ciudad de México desde 1789, cuando los españoles al mando de Esteban José Martínez de la Sierra tomaron posesión de la isla de Nutka y construyeron el fuerte de San Miguel, hasta 1795, fecha en la que fue abandonado. Convertido en enclave estratégico, juntamente con el puerto de San Blas, en la idea de controlar el Pacífico americano del norte, la rivalidad con los británicos por su control así como otras cuestiones de naturaleza política, terminaron por promover las llamadas Convenciones de Nootka, celebradas entre los años 1790, 1793 y 1794, en las que se resolverían definitivamente las diferencias entre españoles y británicos, a los cuales se les cedería la posesión de las instalaciones allí erigidas, a la vez que quedaba libre el acceso al mismo, sin quedar definida además la pertenencia a ningún Estado, ya que tanto la Monarquía hispánica como el Reino Unido quedaban autorizados para establecerse en la zona. De esta manera se evitaba una guerra entre España e Inglaterra por las demandas territoriales en la zona noroeste del Pacífico. Fue entonces cuando la costa noroeste del continente americano, desde Oregón hasta Alaska, estuvo abierta a la colonización británica, pero el comienzo en Europa de las guerras napoleónicas, o guerras de coalición, hicieron que las potencias europeas tuvieran que implicarse en ellas y dedicarle sus mayores esfuerzos, dejando así a un lado sus intereses en esa zona del continente americano. Tampoco en ese momento Estados Unidos llevó a cabo ningún tipo de reclamación sobre esa área, pero adquirió los derechos españoles en la región cuando finalmente España se retiró del Pacífico Norte y transfirió sus reclamaciones territoriales a los Estados Unidos en el Tratado Adams-Onís de 1819. Este tratado, conocido también como Tratado de Transcontinentalidad o como Florida Purchase Treaty, fijó los límites territoriales entre los Estados Unidos y las posesiones españolas en América, estableciéndose la frontera en los ríos Sabina y Arkansas, trazado fronterizo que se completaba con el área determinada por el paralelo 42. Así, España renunciaba a Oregón, Florida y Luisiana, obteniendo a cambio el reconocimiento de su soberanía sobre Texas. En 1832 México, ya independiente, ratificó el Tratado Adams-Onís, y los límites establecidos en el Convenio constituyeron la frontera entre Estados Unidos y México hasta la guerra de 1846.

En cuanto al territorio de Oregón, cuando Estados Unidos concluyó que había adquirido mediante dicho Tratado los derechos españoles de propiedad exclusiva en el territorio, tuvo que enfrentarse con los británicos, que tenían fuertes intereses comerciales por el río Columbia, para resolver la llamada Cuestión del Oregón. Durante la presidencia de James Knox Polk, 11° presidente de los Estados Unidos, y fuerte defensor del expansionismo y del Destino Manifiesto, la Plataforma Demócrata de 1844 reclamó toda la zona de Oregón, desde el límite norte de California hasta la latitud 54° 40´, el límite sur de la Alaska de Rusia. Los extremistas plantearon entonces ir a la guerra con el Reino Unido, pero Polk era consciente de que con una guerra no conseguiría el territorio demandado y, afortunadamente, los británicos tampoco parecían querer un conflicto. Así que el presidente de los Estados Unidos intentó resolver el conflicto mediante la ampliación de la frontera canadiense a lo largo del paralelo 49, desde las Rocosas al Pacífico, pero, ante la negación de los británicos, Polk reafirmó la reclamación a toda la zona. Finalmente, los ingleses se conformarían con el paralelo 49, excepto la punta sur de la isla de Vancouver, y aunque desde los Estados Unidos muchos seguían pidiendo el territorio entero (¡54-40 o guerra!, era su reclamación), el Senado aprobó el Tratado, ante el disgusto de muchos demócratas con Polk, y el conflicto por el territorio se resolvió finalmente en 1846 con la firma del Tratado de Oregón. Todo este territorio se dividiría después en los estados de Washington, Oregón, Idaho, Montana y Wyoming.

16. Algunas consideraciones sobre el origen del nombre de Oregón

John B. Horner en su obra *Oregon: Her History, Her Great Men, Her Literature*,[1] publicada en 1919, recoge que Jonathan Carver le dio este nombre al Río del Oeste en 1778, dos años antes de la Declaración de Independencia, ya que él decía que había oído que el río era llamado así en 1766 por los indígenas que vivían cerca de la ladera este de las Montañas Rocosas, y también afirma que al menos seis explicaciones más han sido dadas sobre el significado y la procedencia del nombre Oregón.

Así, según algunos autores, la denominación procedería de la planta del orégano, que crecía en abundancia en esa zona de la costa del Pacífico. Por su parte, el colono y escritor estadounidense Hall J. Kelley, firme defensor del asentamiento de los Estados Unidos del País de Oregón en las décadas de 1820 y 1830, sostenía que el término Oregón provenía del nombre de un río llamado Orjon, situado en Mongolia. William G. Steel, primer presidente del Consejo Geográfico de Oregón, señalaba que Oregón procedía de Oyer-un-gon, una palabra procedente de la lengua de los shoshone cuyo significado es lugar de abundancia. El Obispo Blanchet, de las misiones católicas en Washington y Oregón, defendía que Oregón provenía de la palabra Orejón, por las grandes orejas que los españoles vieron que tenían los indios. El poeta Joaquín

Miller afirmaba que el término Oregón provenía de las palabras españolas aura y agua, una referencia poética a las lluvias por las que la costa de Oregón es famosa. La historia popular de Oregón relaciona el término Oregón con Aragón, por el rey Fernando de Aragón, y, por último, también se ha propuesto que el término Oregón podría provenir de la palabra francesa ouragan, cuyo significado es huracán.

Nosotros, al comenzar esta investigación, nos quedamos muy sorprendidos al descubrir que el apellido de la mujer de Sebastián Vizcaíno, primer explorador hispano en navegar hasta los 43 grados, era Orejón. Conocimos entonces que Magdalena Orejón, mujer de Vizcaíno, era hija de Juan Martínez y de Isabel Yllescas Orejón, de la villa de Torrijos y pueblo de Burujón, en Toledo (España). Magdalena, a su vez, era nieta de Bartolomé Sánchez y bisnieta de Hernán Martínez, y su bisabuelo había obtenido privilegio de caballero hijodalgo del Rey don Juan, con merced de armas; así que todos sus descendientes fueron hijosdalgo y caballeros notorios de la villa de Torrijos, hombres y mujeres nobles. Tuvo doña Magdalena dos hermanos, Francisco y Gabriela, y mientras su hermano llevaba como primer apellido el paterno, Martínez, parece ser que ella prefirió usar el materno, Orejón, ya que así es como aparece en la carta confirmatoria de hidalguía de su hermano Francisco, redactada en la ciudad de México en 1597, que se había presentado como prueba a favor de su hermano, y cuñado de Sebastián Vizcaíno, ante una demanda que lo había llevado a la cárcel por unas deudas. Dicho documento forma parte de un precioso manuscrito que se puede consultar en la colección digital de la Biblioteca Digital Mundial.[2]

No obstante, aunque nos haya llamado muchísimo la atención la coincidencia entre el apellido de Magdalena y el nombre del territorio de Oregón, descubierto por su marido, a día de hoy no podemos llegar a una conclusión definitiva que nos permita afirmar que el nombre de Oregón provenga del apellido de Magdalena. En primer lugar, porque en ninguna de las Relaciones que se escribió sobre el viaje de Vizcaíno se dice que se denominase entonces así a esos territorios y, en segundo lugar, porque tampoco en los mapas que elaboró el cosmógrafo Enrico Martínez, tras el regreso de los expedicionarios al puerto de Acapulco, se recoge dicha toponimia. Por lo tanto, podríamos concluir que la relación entre el apellido de la mujer de Sebastián Vizcaíno y el nombre del territorio de Oregón es más una interesante casualidad histórica que una causalidad en cuanto al nombre de dicho territorio. Sin embargo, no queremos rechazar por completo la posible relación entre el apellido de la mujer de Vizcaíno y el territorio de Oregón solo por el hecho de no haber encontrado ningún documento de la época en el que aparezca dicha toponimia.

Y es que no podemos olvidar que los mapas, además de tener una interpretación en clave geográfica, para conocer las características de los territorios y la disposición de los continentes, los mares y los océanos, siempre han tenido también una lectura política, ya que muestran la extensión de los dominios y, por consiguiente, la necesidad de defender los derechos territoriales. Como bien decía el geógrafo y cartógrafo flamenco Gerardus Mercator "los mapas son los ojos de la historia", es decir, son un reflejo de los territorios conocidos y, como tal reflejo, a lo largo de la historia han servido para reafirmar los dominios y el poderío de las diferentes naciones, ya que en ellos se reseñaban las posesiones y se proclamaba su soberanía.

En el caso de América, desde un primer momento fue la Casa de la Contratación la encargada de desarrollar toda la cartografía de los nuevos territorios descubiertos, y ésta en sus orígenes tenía un carácter eminentemente náutico. Los marinos en sus viajes tomaban notas de las mareas, las corrientes, los vientos, elaboraban cartas, derrotas y diarios de navegación; es decir, trataban de reunir todos los datos posibles con los que después elaborar una cartografía detallada de la costa. Se contemplaba así la elaboración de mapas y cartas geográficas como una actividad fundamental para mejorar las expediciones, y toda la información que recogían los navegantes en sus Relaciones y Diarios se hacía llegar a los cartógrafos establecidos en Sevilla, que tenían la misión de verterla en el Padrón Real. Era dicho Padrón una especie de carta náutica universal donde, con el mayor de los sigilos, se anotaban los progresos de los descubrimientos y las rutas de navegación. Se trataba pues de obtener, a través de las diferentes expediciones, una base de datos cartográficos que luego se representaba en dicho Padrón Real, una carta de marear con rumbos y datos de navegación que permitiría a los pilotos encontrar sus destinos, y que se actualizaba de manera continua tras las diferentes expediciones realizadas.

LA CARTOGRAFÍA Y LOS ORÍGENES HISPANOS DE OREGÓN

Ese mapa, que como ya hemos comentado fue hasta 1573 eminentemente náutico, empezó después a incorporar datos del interior de los territorios, reflejando tanto el Nuevo Mundo que estaba revelándose como los cambios en la geografía conocida hasta entonces, por lo que debía conservarse como el secreto mejor guardado. Así, ya desde los primeros años de la presencia hispana en América, el secretismo fue absoluto, y Felipe II, en 1582, incluso ordenó que todos los informes y mapas reunidos sobre las Indias no se publicasen y que el acceso a ellos fuera restringido. Y los mandatos eran claros, no solo para cualquiera que tuviese alguna relación directa con la elaboración y el trazado de mapas, sino también para los navegantes y los pilotos, que de igual modo recibían instrucciones concretas para la custodia de los mapas y las cartas de navegar, y sabían que si sus buques eran abordados o apresados por el enemigo debían destruir o lanzar por la borda cualquier mapa, diario o derrotero que llevasen a bordo. Y es que el secretismo no se limitaba solo a los mapas sino también a cualquier detalle del arte de navegar.

Este deseo de mantener los mapas o cartas geográficas en secreto respondía a cálculos estratégicos, postura que no solo defendió Felipe II, sino que también había sido asumida por los anteriores monarcas, e incluso por los reyes portugueses, que ya desde finales del siglo XV intentaron restringir tanto el acceso a los registros de los derroteros de sus naves como a cualquier otro tipo de plano o carta de navegación. De esta manera, se trataba a los mapas, que se entendían como la representación cartográfica de los dominios, como si fuesen un secreto de estado. Y es que Felipe II ya entendió en su momento que la información era poder, y por ello no permitió la difusión de los conocimientos adquiridos sobre las Indias. Así, como consecuencia de esta política de secretismo, en numerosas ocasiones los documentos y los mapas resultantes de las expediciones eran olvidados en los archivos y bibliotecas que los guardaban. Además, muchos de los mapas que los monarcas fueron recibiendo a lo largo de los años se custodiaban en la biblioteca del Escorial, donde finalmente serían destruidos por el incendio de 1671.

El secretismo gráfico para mapas y documentos cartográficos fue tal que podría llegar a confundirse con cierto oscurantismo. Aunque la Monarquía hispana, mediante la expansión de su imperio en América, llegó a conocer el continente mejor que cualquier otra nación europea, e incluso se escribieron muchas crónicas desde los primeros tiempos de la Conquista, hubo un táctico silencio visual que, como ya hemos visto, tuvo sus orígenes en el criterio de Felipe II de ocultación de cualquier información cartográfica. Este celo en cuanto a la elaboración de mapas fue difícil de revisar, y la tradicional resistencia de la Monarquía hispánica para imprimir este tipo de documentación y divulgar la información cartográfica continuó a lo largo de los años. Asimismo, durante el siglo XVII, las continuas guerras con holandeses, franceses y otras potencias europeas mantuvieron a Felipe III, Felipe IV y Carlos II a la defensiva de modo casi continuo. De esta manera, en relación a las Indias, tanto Felipe III como Felipe IV repitieron e incluso reforzaron las prohibiciones de publicar mapas, y los que se elaboraban tras las expediciones y los descubrimientos eran apartados celosamente del dominio público.

Y es que, si bien para la Monarquía hispánica la cartografía era oficial, y su monopolio era de la Corona, no ocurría lo mismo en otros países como Holanda o Inglaterra, donde la producción de mapas estaba en gran medida en manos de cartógrafos y de editores particulares, lo que generó un mercado cartográfico abierto y la producción de un elevado número de mapas. De esta manera, mientras que editar cartas del Nuevo Mundo llegó a ser una obsesión de las imprentas italianas, francesas, alemanas u holandesas, la Monarquía hispánica se caracterizó por llevar a cabo una política de sigilo por intereses de competencia colonial, lo que explica la falta casi absoluta de edición de cartas marinas, e incluso terrestres, durante varios siglos.

Por fin, dentro de la política reformista de los Borbones, comenzada en tiempos de Felipe V, se trató el tema del desarrollo científico, que incluía la creación de una cartografía moderna y eficaz, para proporcionar conocimientos más precisos sobre los territorios de ultramar. En América esta política también respondía al permanente estado de amenaza por las interferencias de otros imperios, los portugueses en el Sur, los ingleses en el Pacífico y los rusos en Alaska. Así, la competencia y rivalidad de otras potencias europeas exigían a la Monarquía hispánica cada vez más esfuerzos científicos, para la defensa de su Imperio, en cuanto a la modernización de los conocimientos y tecnología navales, incluidas mejoras de la cartografía náutica. Y es así como, a finales del siglo XVIII, la Corona emprendió un ambicioso y costoso proyecto con el fin de actualizar la cartografía de las costas de sus dominios. Organizó entonces el Observatorio Astronómico en Cádiz y formó a los oficiales con los últimos avances cartográficos, además de enviar a América varias expediciones, como la de Alejandro Malaspina, para reconocer toda la costa del océano Pacífico, desde el cabo de Hornos hasta Alaska.

No obstante el desconocimiento que aún hoy en día podemos tener de los mapas elaborados por los cartógrafos hispanos a lo largo de los siglos XVI y XVII, debido como hemos visto anteriormente en gran parte al histórico secretismo cartográfico y, también, a que quizás muchos de ellos se perdieron en el incendio del Escorial de 1671 o a que aún no se han localizado entre la ingente documentación histórica conservada en los archivos, lo que sí parece claro es que el nombre de Oregón nunca se registró en los mapas, ni en los derroteros, ni en las cartas de navegación de los navegantes que conocieron la costa oeste del continente americano y que se han conservado y se continúan estudiando hoy en día.

Tampoco debió llegar nunca a oídos de las autoridades hispanas la denominación de Oregón, ni tras la expedición de Vizcaíno de 1602, relacionado entonces con el apellido de su mujer, ni tampoco tras los siguientes viajes realizados a la costa noroeste del continente americano, ya que estas nunca nombraron de tal manera al territorio descubierto a partir de los 43 grados. De hecho, las maneras oficiales de referirse a la costa noroeste americana a lo largo del tiempo fueron las siguientes:

-Contra-costa del Mar del Sur al Norte, en la expedición de Juan Rodríguez en 1542.

-Costas de las Californias o costas septentrionales del Mar del Sur, en la primera expedición de Vizcaíno en 1596.

-Costa occidental de la Nueva España o costa y puertos de la Mar del Sur, en la segunda expedición de Vizcaíno en 1602.

-La California, cuando el conde de Lacy, teniente general y embajador en las cortes de Suecia y Rusia, escribía desde San Petersburgo en marzo de 1773 sobre las expediciones rusas de los años 1741 y 1764, decía que toda la tierra que se extendía hasta los 75 grados se denominaba así.

-Costas y mares septentrionales de las Californias, en la expedición de Heceta de 1775.

-Costas y mares septentrionales de California o costa del norte de California, en la expedición de Arteaga y de la Bodega de 1779.

-Costa septentrional de California, en las expediciones de 1790.

-Costa septentrional de la Nueve España, fue la denominación que le dio Alejandro Malaspina en su viaje político-científico a la costa noroeste del continente americano.

-Finalmente, en la documentación relativa a dicho territorio hasta la retirada de los hispanos de Nutka se establecía que era la costa noroeste del Pacífico en América del norte.

Tampoco se recogió Oregón como toponimia de aquellos territorios en las Relaciones y Diarios de los navegantes hispanos que conocieron la costa noroeste del continente americano durante los siglos XVI, XVII y XVIII, pero estos sí que anotaron en sus escritos algunos datos tanto sobre la existencia de la planta del orégano en ciertas zonas conocidas en sus navegaciones, como sobre el hecho de que los naturales de dichos territorios agujereasen sus orejas para llevar en ellas grandes pendientes. Así, en la expedición realizada en 1774, a Juan Pérez Hernández le llamó la atención que en la Rada de San Lorenzo, en 49 grados y 30 minutos, las mujeres nativas, y también algunos hombres, usasen zarcillos hechos de hueso y cargados en las orejas. Y un poco más al sur, en 44 grados y 55 minutos, fray Tomás de la Peña y Saravia, religioso que formaba parte de la misma expedición, escribió en su Diario que en la costa había mucho zacate (del náhuatl zacatl: hierba, pasto, forraje). Aunque no sería hasta un año después, en 1775, cuando Bruno de Heceta anotase noticias concretas sobre la existencia de la planta del orégano en las tierras de la costa noroeste del continente americano, concretamente en el puerto de la Trinidad, en 41 grados y 7 minutos. También entonces el religioso fray Miguel de la Campa, que viajaba con la expedición de Heceta, registró en su Diario que la tierra estaba llena de pastos y muchas hierbas y flores, entre ellas el orégano. Por su parte, el segundo piloto de la goleta, Francisco Antonio Maurelle, recogió en su Diario que estos nativos en los párpados de las orejas llevaban dos tornillos semejantes a los de la culata de un fusil, y que las mujeres usaban en las orejas los mismos tornillos de hueso que se ponían los hombres; y también durante esa misma expedición recogió Maurelle que la tierra estaba inundada de hierbas silvestres, como los prados europeos, con un verde y olor que hacía agradable la vista y olfato, entre las cuales se veía orégano. Más al norte, en la Rada Bucareli, en 47 grados y 24 minutos, anotó fray Miguel en su Diario que las mujeres se agujereaban las narices y en ellas se ponían un anillo, y también que los hombres se hacían muchos agujeros en las orejas y de ellos colgaban muchas conchas pequeñas de varios colores.

En cuanto al río del Oeste, del que habla John B. Horner en su libro sobre Oregón,[3] no recogieron los cartógrafos hispanos su existencia. Pero sí debieron tener noticias de un mapa elaborado en 1722 por el cartógrafo francés Guillaume Delisle, titulado *Carte d´Amerique*,[4] en el que aparece la entrada descubierta por Martín de Aguilar, que se sitúa en altura de 45 grados sobre el cabo Blanco de San Sebastián, y en el interior, hacia el este, Delisle localizaba un río que se extendía hacia el oeste y al que nombró como Grande Reviere Coulant a l´Oueste (Gran río que corre hacia el oeste), siendo esta quizás la primera referencia cartográfica al legendario río del oeste).

También tuvieron noticias las autoridades hispanas de un mapa elaborado en la Academia de las Ciencias de San Petersburgo, en 1754, por el historiador y etnólogo alemán G.F. Müller, titulado *Nouvelle carte des découvertes faites par des vaisseaux russiens aux côtes inconnues de l'Amérique septentrionale avec les pais adiacente*,[5] en el que aparece un río llamado del Oeste (con toponimia en francés, R. de L´Ouest), que asimismo se corresponde con el que desemboca en la bahía a la que llegó Martín de Aguilar en 1603, con cabecera cerca de L. Winipique (lago Winnipeg);[6] así como del mapa de América del Norte titulado *Carte de l'Amérique Septentrionale*,[7] que elaboró el geógrafo y cartógrafo francés

Jacques Nicolas Bellin en 1755, y también del *Mapa simplificado del Océano Septentrional*,[8] que Bellin elaboró en 1766, a partir de los descubrimientos hechos por los rusos, en el que vuelve a aparecer el río del Oeste (R. de l´Oueste) junto a la entrada que descubrió Martín de Aguilar en 1603.

Así, ni en los mapas levantados por cartógrafos hispanos, ni en los que se elaboraron en Francia y en Rusia en el siglo XVIII aparece el nombre de Oregón, y el que se anota en la cartografía de esa época es el del río del Oeste, que desemboca en la bahía que Martín de Aguilar descubrió en 1603 (Coos Bay).

Cuando el explorador norteamericano Jonathan Carver publicó en 1778 en Londres el mapa titulado *A Plan of Captain Carver´s Travel in the Interior Part of North America in 1766 and 1767*,[9] localizó el nacimiento o cabezas del Origan en 47 grados. Sin embargo, en otro de los mapas resultantes de estos mismos viajes, en los que Carver trataba de encontrar el Paso del Noroeste o Estrecho de Anian, titulado *New Map of North America*,[10] no recogió este el nombre de Origan, sino que al mismo río, cuyo nacimiento sitúa en Pikes Lakes, le llamó en este ocasión el río del Oeste y a su desembocadura, la descubierta por Aguilar, y la situó algo por debajo de la latitud de 44 grados. Carver, que estudió topografía y técnicas de cartografía durante la guerra franco-india (1754-1763), había sido contratado por el también norteamericano Mayor Robert Rogers, organizador de los Rogers' Rangers, para realizar esa expedición y tratar de encontrar una vía fluvial al oeste hasta el océano Pacífico. Así que, el hecho de que en sus mapas aparezca el término Origan asociado a un río se debe a que fue R. Rogers el primer norteamericano en anotar el nombre de Oregón en 1765, al solicitar licencia y financiación para buscar el ansiado Paso del Noroeste desde los Grandes Lagos hacia el nacimiento del Mississippi, y desde allí hasta un río que los indios llamaban Ouragon. Unos años después, en 1772, volvió a hacer una petición, pero en esa ocasión usó el término Ourigan. Parece ser que sus conocimientos geográficos derivaban de los viajes realizados de 1769 a 1772 por el explorador y comerciante inglés Samuel Hearne en el noroeste del continente, buscando también el Paso del Noroeste y, sobre todo, las minas que habían descrito algunos indios.

Por su parte, el escocés Alexander Mackenzie, intentando encontrar también el Paso del Noroeste, exploró por primera vez en 1793 las partes altas del río Tacoutche Tessé o río Salmón, pensando que era el río Columbia, cuando en realidad se trataba del río de Frasser. En el mapa titulado *A Map of America Between Latitudes 40 and 70 North and Longitudes 45 and 180 West Exhibiting Mackenzie's Track from Montreal to Fort Chipewyan & From Thence to the North Sea in 1789 & to the West Pacific Ocean in 1793*,[11] que se elaboró en 1801 tras su viaje, Mackenzie llamó a este río el río Columbia.

Es en un mapa del cartógrafo inglés Aaron Arrowsmith, titulado *Map Exhibiting All the New Discoveries in the Interior Parts of North America*,[12] fechado el 1 de enero de 1795, donde aparece por primera vez la palabra Oregan. Este mapa se publicó en diferentes años con añadidos o ampliaciones, así, en el que se publicó en 1802 el autor anota el nombre del río Oregan entre los 43 y los 44 grados de latitud, junto a la desembocadura que descubrió Martín de Aguilar, entre el cabo Mezari y Saddle Hill, mientras que en el publicado en 1811 aparece el río Columbia en el mismo lugar donde anteriormente había localizado el río Oregan, es decir, también entre el cabo Mezari y Saddle Hill.[13]

Y es que la cartografía de Arrowsmith claramente estaba plagada de errores, entre muchos otros el de confundir el río Oregón en el norte con el río Colorado en el oeste. Su singular error, según el naturalista y explorador alemán Alexander von Humboldt en su *Ensayo Político sobre la Nueva España*,[14] publicado en 1827, fue el resultado de una mala interpretación o torpeza, ya que él confundió la palabra española "origen", que significa manantial, principio o raíz de una cosa, con la palabra india "origan". Humboldt había conseguido en 1800 que las celosas autoridades españolas, que no habían permitido entrar durante casi tres siglos a ningún extranjero en sus dominios, le permitiesen realizar una serie de viajes y estudios. Determinó el ilustrado explorador que Arrowsmith para elaborar su mapa se había basado en un mapa de la Nueva España, que había publicado el científico novohispano José Antonio de Alzate y Ramírez, en el que en el cruce del río Gila y el río Colorado aparecían las palabras en español "Río Colorado, o del Norte, cuyo origen se ignora". Podemos consultar dicho mapa de Alzate, fechado en 1767, y en él las palabras que supuestamente dieron origen al error de Arrowsmith, en el *Nuevo Mapa Geographico de la América Septentrional, perteneciente al virreinato de México*,[15] fechado en 1768 y dedicado a los sabios miembros de la Academia Real de las Ciencias de París, en los fondos digitalizados de la Biblioteca Nacional de Francia. Igualmente podemos observar las palabras que dieron lugar al error de Arrowsmith en un mapa titulado *Mapa de la Nueva España*,[16] que se encuentra en el Museo Naval de Madrid, y, finalmente, también aparecen esas mismas palabras en otro mapa, fechado en 1772, titulado *Plano de las Provincias de Ostimuri, Sinaloa, Sonora y demás circunvecinas y parte de California*,[17] que se encuentra en la Biblioteca Digital Mexicana.

Así, parece que Arrowsmith confundió el río Tacoutche Tesse, descubierto por Alexander MacKenzie y que debía ser el mismo que aparecía en la petición de R. Rogers y en el mapa de Carvers, con el río Colorado o del Norte, como consecuencia de un error en la lectura del mapa de José Antonio de Alzate. Y, a su vez, Mackenzie también se habría equivocado, porque él creía que el Tacoutche Tesse era el verdadero río Columbia, cuando el río que él había descubierto era el Frasser, un río de curso muy limitado que tiene su embocadura en el Canal de Georgia.

LA INFLUENCIA DE LEWIS Y CLARK EN LA HISTORIA DE OREGÓN

No sería hasta la expedición de Meriwether Lewis y William Clarke cuando los estadounidenses llegasen por primera vez al Pacífico por tierra, comenzando así la carrera hacia el Oeste. El viaje descubridor de Lewis y Clarke contó con el apoyo del propio presidente Thomas Jefferson que, convencido de la expansión hacia el occidente tras la compra en 1803 de la Luisiana (que había sido cedida por España a Napoleón en 1800 con la promesa de que no se la entregaría a ningún otro país, y que fue vendida por este debido a las necesidades económicas que tenía para continuar con sus acciones militares en Europa) y buscando una ruta que uniera el ya extenso territorio estadounidense con la costa del Pacífico, auspició dicha expedición con instrucciones bien claras: su misión era explorar el río Missouri y aquellos de sus principales afluentes que pudiesen llegar a comunicarse con las aguas del océano Pacífico, fuese el Columbia, Oregón, Colorado o cualquier otro río que pudiera ofrecer la comunicación fluvial más directa y factible a través del continente con el propósito de practicar el comercio. Los expedicionarios, que utilizaron tanto el mapa elaborado por Arrowsmith en 1802 como la información ofrecida por Humboldt, que asistió a la preparación del viaje de Lewis y Clarke, remontaron el río Missouri y después bajaron por los ríos Snake y Columbia hasta la costa del territorio de Oregón. Cuando llegaron al cabo Desilusión (Cape Disappointment), en la desembocadura del río Columbia, en el gran Mar del Sur u Océano Pacífico, Clarke anotó en su Diario: "Océano a la vista. Oh, qué alegría".[18] Durante dicho viaje, que duró varios años, desde 1804 hasta 1806, los expedicionarios entablaron negociaciones con diferentes tribus indígenas, que en la mayoría de los casos les recibieron de manera cordial e incluso les prestaron su ayuda en los duros inviernos que pasaron durante la larga travesía, y a las que les decían que iban en nombre de los Estados Unidos para tomar posesión de sus tierras, cuando de hecho gran parte de su recorrido lo realizaron por territorio perteneciente al virreinato de la Nueva España y a la provincia de la Alta California, ya que España no cedería todos esos territorios (los actuales estados de Oregón, Idaho, Montana y Washington) hasta 1819. Uno de los resultados de esta expedición fue el acopio de importante información sobre todo el territorio que recorrieron durante el viaje, así como de la gente que vivía en ellos, sus ríos, sus montañas y su flora y fauna. Además, dio lugar al famoso *Map of Lewis and Clark's Track, Across the Western Portion of North America from the Mississippi to the Pacific Ocean, by Order of the Executive of the United States in 1804*,[19] que se puede consultar en la página de la Biblioteca del Congreso, en el que se sitúa el río Columbia junto al cabo Desilusión. Fue a partir del viaje de estos exploradores cuando realmente se empezó a elaborar una cartografía mucho más precisa del noroeste del continente americano, mapas que abrieron la puerta a una avalancha de colonos, comerciantes y cazadores estadounidenses que desplazaron, marginaron e infectaron con sus enfermedades, o directamente mataron, a las tribus de

Sioux, Hidatsa y Shosone que habían permitido con su ayuda el éxito de la empresa de Lewis y Clark.

Tanto de esta expedición de Lewis y Clark, por el curso del río Missouri, como de las que realizó el también estadounidense Zebulón Montgomery Pike (1806-1807) por las tierras del norte de la Nueva España, desde San Louis hasta el Arkansas y hasta las Rocosas, tuvieron noticias los entonces virreyes de la Nueva España, Félix Berenguer de Marquina y José de Iturrigaray Aróstegui, por medio del marqués de Casa Calvo, embajador de España en Filadelfia, entendiendo ambos virreyes que ni se les había informado, ni se les habían pedido los permisos necesarios para que los exploradores pudiesen cruzar los territorios de su virreinato, por lo que consideraron que estas expediciones estadounidenses estaban invadiendo el territorio de la Nueva España, y emitieron órdenes dirigidas a los diferentes gobernadores para que enviasen destacamentos en su búsqueda y les interceptasen. Y aunque las primeras patrullas no consiguieron encontrar a Lewis y a Clarke, las que fueron enviadas con posterioridad para arrestar a Pike sí consiguieron localizarle e incluso detenerle.[20]

Unos años después de la expedición de Lewis y Clarke, en 1817, otro estadounidense, el poeta y periodista William Cullen Bryant, escribiría en las líneas 53 y 54 de su poema juvenil *Thanatopsis* "where rolls the Oregon and hears no sound",[21] (donde pasa el Oregón y ningún sonido se oye), refiriéndose al río Columbia. Fue con este poema con el que su autor alcanzó la fama literaria, y también el que le convirtió en uno de los poetas más famoso de su siglo.

OBSERVACIONES FINALES ACERCA DE LOS ORÍGENES HISPANOS DE OREGÓN

En todo caso, fueron tantas las confusiones en los mapas elaborados a finales del siglo XVIII y principios del XIX, que en 1820 el botánico inglés Thomas Nuttall, miembro de la Academia Estadounidense de las Artes y las Ciencias, publicó la obra *Nuttall´s Journal*,[22] donde recogía las observaciones que había hecho durante un viaje que realizó en 1819 por el territorio de Arkansas y apuntó que en los mapas de América del Norte de veinte años antes había grandes inexactitudes, como por ejemplo el hecho de suponer que las aguas del oeste, casi desde los nacimientos del Mississippi y del San Lorenzo, debían estar recogidas por un fabuloso Oregan o río del Oeste, una corriente de gran extensión, que ningún europeo había visto, cuya existencia dependía de rumores indios, y que, después de cruzar alrededor de la mitad del continente, se suponía que desembocaba en el Pacífico en algún lugar sobre la latitud 43. De hecho, tal y como hemos podido comprobar a lo largo de esta investigación, en los mapas de principios del siglo XIX al situar el río que debería ser el Columbia en latitud de 46 grados en numerosas ocasiones lo confunden con el que desemboca en el Pacífico sobre la latitud 43, es decir, el que descubrió Martín de Aguilar en 1603, y que aparece en los mapas franceses y rusos de la segunda mitad del siglo XVIII como río del Oeste.

Por último, en 1822, cuando el congresista por Virginia John Floyd participó en la creación del territorio de Oregón lo llamó Wauaregan, que en las lenguas nativas algonquinas significa hermosas aguas. Quizás podría tratarse de la palabra india que Robert Rogers había oído e incluido en su petición de 1765, ya que las lenguas algonquinas conforman la mayor subfamilia de la familia álgica de los nativos norteamericanos, extendiéndose completamente desde la costa este de Norteamérica hasta Alberta en Canadá y Coahuila en México.

Para terminar este capítulo, sobre el origen del nombre de Oregón, trataremos también la posibilidad de que dicho término se relacione con los aragoneses y su rey Fernando de Aragón, tal y como parece ser que recoge la historia popular. En primer lugar, hemos de recordar que este murió en 1516, por lo que aún quedaban muchos años para que los exploradores hispanos llegasen en su navegación hasta esas latitudes. Y, en segundo lugar, no debemos olvidar que en la península ibérica, tras la firma del Tratado de Almizra en 1244, se establecieron las fronteras o límites territoriales con el Reino de Castilla, lo que convirtió al mar Mediterráneo en la vía natural de expansión de los aragoneses. Así, dicha expansión comercial y territorial de la Corona aragonesa, es decir, su ámbito de actuación desde finales del siglo XIII hasta finales del XV, fue por el Mediterráneo, donde la Corona de Aragón fue incorporando una serie de importantes territorios, hasta que finalmente se produjo la toma de Constantinopla por los turcos en 1543, comenzando entonces la decadencia comercial general en el Mediterráneo para dar paso al auge de las rutas comerciales del mar del norte y, a partir de los nuevos descubrimientos geográficos en América, también las nuevas rutas atlánticas. Pero, aunque la expansión aragonesa se realizase hacia el oriente, la presencia de los aragoneses en América ha sido siempre un tema muy debatido por los historiadores, ya que desde los primeros momentos la Corona castellana intentó establecer un férreo control sobre todo lo relativo al Nuevo Mundo; de hecho, la controversia en torno a si los aragoneses podían participar y beneficiarse de los descubrimientos en igualdad con los castellanos es muy antigua, remontándose, tal y como nos recuerda el historiador Esteban Mira Caballos en su estudio titulado *Los prohibidos en la emigración a América*,[23] a los primeros años del período colonial y llegando la discusión historiográfica incluso a nuestros días. Nosotros no vamos a profundizar aquí sobre este debatido asunto, pero sí apuntaremos para concluir que en la documentación conservada en los Archivos históricos relativa a la presencia de los españoles en América, a estos no se les llama aragoneses, sino que generalmente se utilizaba el término de castellanos, y también el de cristianos, e incluso, como hemos podido observar a lo largo de esta investigación, los nativos de las diferentes zonas a las que llegaban les denominaban de diferentes maneras, como Guacamal en la zona de San Diego y Taquimines en la bahía de los Fuegos, pero nunca aragoneses.

No obstante, no queremos finalizar este capítulo de nuestra aproximación histórica a la presencia de los hispanos en el estado de Oregón, así como a los viajes de exploración que estos realizaron por la costa noroeste del continente americano, sin señalar que sí hubo una entrada llamada de Aragón en dicha costa, ya que este fue el nombre con el que en 1791 la expedición de Alejandro Malaspina bautizó a la entrada junto al puerto que Jean-François Galaup, conde de La Pérouse, había llamado en 1786 puerto de los franceses (actual bahía Lituya o bahía de los Glaciares), situado en 58 grados y 38 minutos, y que podemos observar en el mapa titulado *Carta Esférica de los reconocimientos hechos en la costa N.O. de América entre los paralelos de 57 grados y 60 grados 30 minutos de latitud N. por las corbetas Descubierta y Atrevida de la Marina Real*, que se encuentra en los fondos digitalizados del Instituto Geográfico Nacional, y es que durante ese viaje los expedicionarios proporcionaron a diferentes entradas y bahías de esas latitudes nombres de territorios españoles, como entrada de Rioja, entrada de Granada, la dicha entrada de Aragón y la entrada de Castilla.

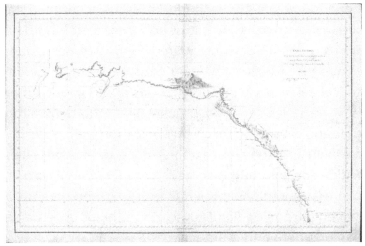

FIGURA 14. *Carta Esférica De los Reconocimientos Hechos en la Costa N.O. de América entre los Paralelos de 57° y 60° 30' de Latitud N. por las Corvetas Descubierta y Atrevida de la Marina Real, Expedición Malaspina, 1791.*[24]

Notas

1. Horner, John B. *Oregon: Her History, Her Great Men, Her Literature*, edit. The J.K. Gill Co., Portland, 1921.
2. https://www.wdl.org/es/item/517/.
3. Horner, Ob. Cit.
4. https://www.raremaps.com/gallery/detail/36464/carte-dameri-que-1722-de-lisle.
5. https://www.wdl.org/es/item/16795/view/1/1/.
6. MECD, AGI, MP-México 526.
7. http://www.axl.cefan.ulaval.ca/francophonie/Nlle-France-1755carte_Bellin.htm
8. https://www.wdl.org/es/item/16797/
9. https://jcb.lunaimaging.com/luna/servlet/detail/JCB-MAPS~1~1~1503~101430002:A-Plan-of-Captain-Carvers-Travels-i
10. https://www.davidrumsey.com/luna/servlet/detail/RUM-

SEY~8~1~912~50004:A-New-Map-of-North-America,-From-th.

11. https://www.loc.gov/resource/
    g3401s.ct000692/?r=-0.234,-0.034,1.542,0.632,0.

12. https://www.loc.gov/resource/
    g3300.ct000584/?r=0.048,0.376,0.31,0.127,0.

13. https://www.raremaps.com/gallery/detail/57423mp2/a-map-
    exhibiting-all-the-new-discoveries-in-the-interior-par-arrows-
    mith.

14. Von Humboldt, Alexander. *Ensayo Político sobre Nueva España,*
    traducido al Castellano por Vicente González Arnao, Volumen 2,
    Imprenta de Paul Renouard, París, 1827.

15. https://gallica.bnf.fr/ark:/12148/btv1b53064648z/f1.item.

16. https://www.alamy.com/mapa-de-nueva-espaa-1767-mejico-y-
    sur-de-eeuu-author-jos-antonio-alzate-1737-1799-location-
    museo-naval-ministerio-de-marina-madrid-spain-
    image208210231.html.

17. http://bdmx.mx/documento/galeria/plano-provincias-ostimuri-
    sinaloa-sonora.

18. Colección de la Biblioteca Thomas Jefferson, Biblioteca del Con-
    greso, Ob. cit.

19. https://www.loc.gov/resource/
    g4126s.ct000028/?r=0.011,0.023,0.389,0.159,0.

20. MECD, AGI, Guadalajara 398.

21. Cullen Bryant, William. *Thanatopsis,* en North American Review,
    Boston, 1817.

22. Nuttall, Thomas. *Nuttall´s Journal of travels into de Arkansas
    Territory, October 2, 1818-February 18, 1820,* edit. Applewood
    Books, 1821.

23. Mira Caballos, Esteban. *Los prohibidos en la emigración a Amé-
    rica (1492-1550),* en Revista de Estudios de Historia Social y Eco-
    nómica de América n° 12, Alcalá de Henares, 1995.

24. Archivo Museo Naval de Madrid DE MN- 2-B-7 2300031.

Sección V
Conclusiones

17. Conclusiones

La realidad histórica es que la presencia hispana en el actual estado de Oregón, así como en los demás territorios de la costa del noroeste de los Estados Unidos, tuvo en un primer momento un carácter básicamente de exploración y descubrimiento, para adquirir después, con el conocimiento de la presencia de otras potencias en la zona, una índole o naturaleza diplomática, comercial y de guarnición o defensa.

En cuanto a las relaciones con los nativos, estas generalmente no fueron de dominio ni de carácter violento. Así, en la expedición de 1774 de Juan Pérez Hernández, las instrucciones bajo las que se debían llevar a cabo las relaciones con los naturales que se encontrasen a lo largo de la navegación y exploración de las costas eran claras al respecto; dichas instrucciones, dadas por el virrey Bucareli, tendrían una influencia decisiva en las siguientes expediciones de ese siglo, estableciéndose en ellas que "nada se tomará a los indios contra su voluntad, si no fuere por rescate, o dándolo ellos de amistad; a todos se debe tratar con agrado y con dulzura, que son los medios más poderosos para atraerlos y dejar arraigada la estimación",[1] y recogiendo asimismo que:

> "por ningún pretexto se deberá hostilizarlos, ni tomar tierra por fuerza; pues cuando en algún paraje se le dificulte podrá practicarlo en sus inmediaciones, contemplando que su principal encargo se reduce al reconocimiento de la costa en toda la altura que pueda navegar, saber si hay en ella establecimiento extranjero, y traer una noticia de las dificultades, o proporciones, para mejor examen de los conocimientos que adquiera".[2]

Además, como apuntó la profesora, investigadora, académica y experta en el periodo hispánico Enriqueta Vila, en conversaciones mantenidas con la prensa sobre la figura de fray Junípero de la Serra con motivo de la eliminación de su nombre en el campus de la Universidad de Stanford en el 2018,[3] durante la presencia española la población nativa de la costa oeste se mantuvo en niveles estables, e incluso pudieron salvaguardar la mayoría de sus costumbres, y fue la fiebre del oro de la segunda mitad del siglo XIX y la llegada de miles de inmigrantes desde el este, mineros estadounidenses en su mayoría, la causa que dio lugar a lo que algunos han calificado como "hecatombe demográfica".

Así, el proceso que desembocó en la destrucción de los pueblos nativos del territorio oeste de los Estados Unidos, y la desaparición de sus antiguas costumbres, comenzó tras los primeros contactos con los navegantes hispanos y se fue acelerando de manera progresiva a lo largo de los siguientes siglos hasta causar estragos en su población, fundamentalmente como consecuencia de la llegada de los estadounidenses que se desplazaron hasta allí buscando el oro. Y es que no debemos olvidar que reivindicar una parte de la historia nunca debe hacerse a costa de ocultar desastres, infortunios y tinieblas, pero tampoco podemos dejar de recordar que la presencia hispana en esa región se caracterizó esencialmente por su inicial afán exploratorio (siglos XVI y XVII) y por su posterior labor ilustrada (siglo XVIII) en cuanto al estudio y la descripción de los territorios, los pueblos y las culturas que los navegantes y exploradores hispanos tuvieron la oportunidad de conocer durante sus viajes a lo largo de la costa oeste.

Notas

1. MECD, AGI, Estado 20, N.5, Instrucciones número XX y XXX.
2. Ibídem.
3. https://www.abc.es/cultura/abci-verdad-fray-junipero-serra-his-toria-desmonta-mentiras-sobre-fraile-201809230041_noti-cia.html.

Epílogo

DAVID G. LEWIS

Como muchas personas nativas de Oregón, aprendí la mayor parte de mi herencia nativa a través de mi padre, quien me llevaba al bosque a cortar leña o acampar, o llevaba a la familia entera a la costa por un día. En mi juventud, ocasionalmente viajamos por la Reserva de Grand Ronde, aunque en los años 70, casi no había nada "nativo" en Grand Ronde. A excepción de una librería y un viejo hotel, la presencia de los pueblos originarios se encontraba aparentemente borrada. Esta es la experiencia de muchas personas nativas del Oregón occidental: sus tribus han sido aniquiladas por políticas federales. Esta aniquilación y las remotas localizaciones rurales de las reservas, hicieron que muchos no-nativos creyeran que los nativos se habían ido, que estaban extintos. Estos factores influyeron en la ausencia de conocimiento acerca de las personas nativas, cuya cultura, historia, contribuciones y continua presencia fueron también ignoradas por generaciones de historiadores y educadores.

Hoy, en los Estados Unidos, la única exposición de la mayoría de los estudiantes a cierta información acerca de las personas nativas se da en las celebraciones anuales de Acción de Gracias, donde se elaboran penachos de plumas de papel y los estudiantes se paran en fila sobre el escenario de la escuela, representando una historia ficticia de hermandad tribal-europea mientras los padres de familia toman fotos. En Oregón, los estudiantes son expuestos, más bien, a historias acerca de cómo los pioneros estadounidenses vinieron hasta aquí en carretas cubiertas, enfrentándose a feroces ataques indios en una peregrinación sagrada. En las preparatorias, los estudiantes leen acerca de Lewis y Clark y su viaje heroico a través del continente en 1805 y 1806, hasta "descubrir" Oregón para los Estados Unidos. En la mayoría de los casos, estas historias muestran a los colonizadores anglosajones rescatando a los "indios" de su barbarie.

La mayoría de los estudiantes del estado aprende algo cercano a nada sobre los pueblos nativos, sus culturas, sus experiencias con la colonización y su eventual desplazamiento para cederle su patria a los miles de colonizadores estadounidenses "blancos". Pocas personas aprenden de las grandes injusticias cometidas contra las tribus al tomar sus tierras y hacerles la guerra para desplazarlos de sus pueblos, o de su sufrimiento durante generaciones en reservas indias pobremente administradas. La mayoría de las historias de Oregón no incluyen perspectivas de la gente nativa, dado que la mayoría de las historias acerca de ellos han sido escritas o enseñadas desde perspectivas de académicos estadounidenses no-nativos. La historia de los pueblos nativos ha sido entonces terriblemente descuidada, y los pocos libros que existen al respecto apenas comienzan a contar esta historia o a ayudar a entender la cultura de las cerca de cien tribus nativas de Oregón.

El estado de Oregón fue creado por los Estados Unidos como un lugar donde los estadounidenses "blancos" llegarían a cumplir con su Destino Manifiesto: el derecho asumido de colonizar y adueñarse del Oeste, sin importar la presencia de los nativos. En Oregón, estos eran solo vistos como útiles cuando ayudaban a los pioneros a construir sus hogares o a cosechar los campos; de otra manera debían permanecer en reservas federales, lejos de los asentamientos "blancos".

Políticas coloniales como esta se mantuvieron vigentes durante siglos a través de América del norte: los países europeos tomando tierras de los pueblos nativos, haciendo a sus gentes esclavos de la colonización y explotando su trabajo para construir economías de frontera. España inició las conquistas en el Caribe y después a través de toda América, primero como exploradores y después como colonizadores. Se les unirían Rusia, Portugal, Gran Bretaña, Dinamarca, Holanda y Francia. Estos países europeos buscaron la expansión de sus imperios mediante la toma de tierras y la explotación de recursos, incluyendo a las personas nativas. Los Estados Unidos se convirtieron en un participante tardío en estas políticas expansionistas, primero al declararse independientes de Gran Bretaña, y después al expandir su influencia, apropiaciones de tierra y su explotación hacia el oeste, de forma violenta, comparable a la de los europeos.

En la Costa del Noroeste, los exploradores hispanos y rusos fueron realmente los primeros en conocer la región, seguidos de cerca por Inglaterra y los Estados Unidos. Y mientas que España fue la primera en reclamar vastos recursos en la costa occidental, en la zona de Baja y Alta California, no colonizaron la región tan rápido como los estadounidenses. El expansionismo de los Estados Unidos fue propulsado por la competencia con otros países coloniales: Inglaterra, Rusia, Francia y España. Una vez que los Estados Unidos decidieron tomar la costa del Pacífico, los ciudadanos "blancos" respondieron a la llamada de colonizar en apoyo de su joven democracia. Los colonos inundaron el Oeste, causando, eventualmente, una guerra con México para tomar todo el norte de ese país, incluidos los estados de California, Arizona, Nuevo México y partes de otros territorios en la guerra de 1846-1848. En su expansión por el centro del continente, los Estados Unidos compraron de Francia, en 1803, los derechos al Territorio de Luisiana, que incluía partes del Sureste del país y las grandes planicies; también fijaron, mediante el Tratado de Oregón de

1846, las fronteras entre Canadá Británico y los Estados Unidos en el paralelo 49. Todavía más tarde, en 1867, compraron Alaska a Rusia, completando los actuales Estados Unidos continentales.

La historia de estos poderes coloniales en competencia en la Costa norteamericana del Pacifico, históricamente ha ignorado por completo el impacto de la colonización en las naciones tribales. La totalidad de la región estaba ocupada por cientos de tribus, que se encontraban por todas partes y que sufrieron cambios en todos los lugares donde desembarcaron colonos. Las tribus se convirtieron en víctimas en muchas maneras de la competencia por el Pacífico y los intentos coloniales por obtener dominio político y económico a nivel global. Las naciones tribales se colapsaron y muchas casi se extinguieron dado que las enfermedades, la guerra, el genocidio y los conflictos violentos causaron el descenso dramático de las poblaciones nativas. Al mismo tiempo, estos poderes coloniales continuaron explotando el trabajo de las personas nativas para aumentar su poder y riqueza.

Es tan solo en el periodo reciente, en los últimos 20 o 30 años, que las perspectivas de los pueblos nativos acerca de su historia y cultura han comenzado a ser escritas y legitimadas. Como mencionaba, la historia de Oregón históricamente no ha incluido las perspectivas nativas de los pueblos durante su colonización, muchas de las cuales aún tienen que ser investigadas y escritas.

En esta historia de la exploración española de las costas del Noroeste y de California, se incluye otra historia de la colonización de tierras nativas que raramente se representa. Los marineros españoles fueron los primeros europeos en visitar muchas tribus en la costa y es importante entender esta historia, para que la siguiente generación de investigadores nativos pueda investigar la experiencia de los pueblos durante las exploraciones españolas. Los investigadores nativos pueden añadir significados a estos encuentros, al aplicar conocimientos históricos y culturales a las acciones de las tribus que se encontraron y comerciaron con estos hombres extraños y extranjeros por vez primera. Esta historia será tan terrible y trágica como las historias de otros colonizadores, pero necesaria para contar plenamente la historia y el contexto de las interacciones humanas durante los primeros contactos coloniales en la costa norteamericana del Pacífico.

David G. Lewis, PhD (Santiam, Chinook, Molalla, Takelma)

Salem, Oregón, 29 de octubre de 2019

Otra bibliografía consultada

Arima, E.Y. *The Canadian Encyclopedia*, s.v. *The Nutka*. Toronto: The Canadian Encyclopedia, 2006.

Bernabéu Albert, Salvador. *Trillar los mares, la expedición descubridora de Bruno de Hezeta al noroeste de América (1775)*, in ed. CSIC, Monografías 9, 1995

Brown, Steven Clay, Paul Macapia, and Seattle Art Museum. *Native Visions: Evolution in Northwest Coast Art from the Eighteenth through the Twentieth Century*. Seattle: Seattle Art Museum in association with the University of Washington Press, 1998.

Cabello Carro, Paz. *Expediciones Científicas, Museología y Coleccionismo Americanista en la España del XVIII*. Actas II Congreso de la Sociedad Española de Historia de las Ciencias, Jaca, 27 de Septiembre-1 de Octubre, 1982, coordinador Mariano Hormigón Blánquez, vol. 3, 1984

Cabello Carro, Paz. *Materiales etnográficos de la costa Noroeste recogidos en el siglo XVIII por viajeros españoles*, en Peset, José Luis (edit.), Las Culturas de la Costa Noroeste de América, Turner-Sociedad Estatal V Centenario, Madrid, 1989

Cabello, P. y Costa, A. *Expediciones, descubrimientos y colecciones españolas en la costa noroeste americana y Alaska*, en Espíritus del Agua: Arte de Alaska y la Columbia Británica, Fundación La Caixa, Barcelona, 1999

Capace, Nancy. *Encyclopedia of Oregon*, Somerset Publishers, Inc., Michigan, 1999

Chapman, Charles E. *Catalogue of materials in the Archivo General de Inidias for the History of the Pacific Coast and the American Southwest*, edit. University of California Press, Berkeley, 1919

Cerezo Martínez, Ricardo. *La Cartografía Náutica Española en los siglos XIV, XV y XVI*, edit. CSIC, Madrid, 1994

Del Portillo, Álvaro. *Descubrimientos y exploraciones de las costas de California, 1532-1650*, edit. Rialp, S.A., Madrid, 1982

Fernández Duro, Cesáreo. *Armada Española desde la unión de los Reinos de Castilla y Aragón*, Sucesores de Rivadeneyra, 1895-1903, Madrid

Fernández de Navarrete, Martín. *Examen histórico de los viajes apócrifos de Ferrer Maldonado, Juan de Fuca y Bartolomé Fonte*, Imprenta de la Viuda de Calero, Madrid, 1849

Fernández Rodríguez, Manuela. *La presencia rusa en el Pacífico Noroeste, en El Ejército y la Armada en el Noroeste de América: Nootka y su tiempo*, edit. Universidad Rey Juan Carlos, Madrid, 2001

Fuster Ruiz, Francisco. *El final del descubrimiento de América: California, Canadá y Alaska (1765-1822), aportación documental del Archivo General de la Marina*, edit. Universidad de Murcia, 1998

García Sánchez, Yaizza. *Memoria del Nuevo Mundo: imágenes para grabar de la expedición botánica de Sessé y Mociño (1787-1803)*, tesis doctoral, Universidad Complutense de Madrid, Facultad de Bellas Artes, Madrid, 2011

Garduño, Eduardo. *Pueblos indígenas en el México del siglo XXI, Yumanos*, vol. I, Comisión Nacional para el desarrollo de los pueblos indígenas, México DF, 2015

Grijalva, Aidé, Calvillo Velasco, Max y Landín, Leticia. *Pablo L. Martínez: sergas californianas*, Universidad Autónoma de Baja California, Instituto Sudcaliforniano de Cultura, México, 2006

Inglis, Robin. *Historical Dictionary of the Discovery and Exploration of the Northwest Coast of America*, en Historical Dictionaries of Discovery and Explorations, num. 4, The Scare Crow Press, Inc., Plymouth, 2008

Kagan, Richard L. *La luna de España: mapas, ciencia y poder en la época de los Austrias*, Conferencia en la Universidad de Barcelona, diciembre 2005, en http://www.catastro.meh.es/documentos/publicaciones/ct/ct76/4.pdf

Kennedy, D., Bouchard, R. y Gessler, T. *The Haida*, en The Canadian Encyclopedia, Toronto, 2010

Kroeber, Alfred Louis. *Handbook of the Indians of California*, Dover Publications Inc., New York, 1976

Lang, William L. y Walker, James V. *Explorers of the Maritime Pacific Northwest: Mapping the World through Primary Documents*, edit. ABC-CLIO, LLC, Santa Bárbara, California, 2016

León Guerrero, María Montserrat. *Reconocimiento de la "Isla" de California*, en Revista de Estudios Colombinos, número 9, Universidad de Valladolid, junio 2013

León Portilla, Miguel. *Cartografía y crónicas de la antigua California*, edit. Universidad Nacional Autónoma de México, 2001

Lozoya, Xavier. *Plantas y luces en México. La Real Expedición Científica a Nueva España (1787-1803)*, ediciones del Serbal, Barcelona, 1984

Marx, Robert. F. *Shipwrecks in the Americas*, Dover Publications, Inc., New York, 1987

Martín Merás, Luisa. *Cartografía Marítima Hispana: La imagen de América*, edit. CSIC, Madrid, 1993

Meline, James Florant. *Two Thousand Miles on Horseback: Santa Fé and Back, a summer tour through Kansas, Nebraska, Colorado, and New Mexico, in the year 1866*, edit. Hurd and Houghton, New York, 1867

Olson, Wallace y Porrúa, Enrique J. *Los viajes españoles a las costas de Alaska entre 1174 y 1792 y su contribución a la etnografía del área*, en Revista Anales del Museo de América, 10, Madrid, 2002

Ortega Soto, Martha. *Colonización de la Alta California, primeros asentamientos españoles*, en Revista de la Biblioteca Jurídica Virtual del Instituto de Investigaciones Jurídicas de la UNAM, Unidad Iztapalapa, junio 1999

Pinzón Ríos, Guadalupe. *El Pacífico Novohispano a partir del Mapa de la América Septentrional de 1754*, en Revista Estudios Jaliscienses, 2017

Powers, Stephen. *Tribes of California*, University of California Press, L.A, 1976

Ricky, Donald. *Indians of Oregon, Past and Present*, Somerset Publishers, Inc., Michigan, 1999

Rodríguez Tomp, Rosa Elba. *Historia de los pueblos indígenas de México. Cautivos de dios: los cazadores-recolectores de Baja California durante la colonia*, edit. CIESAS, Instituto Nacional Indigenista, México, 2002

Ruby, Robert H. y Brown, John A. *Indians of the Pacific Northwest: A History*, University of Oklahoma Press, 1981

Salvá, Miguel y Sainz de Baranda, Pedro. *Colección de Documentos Inéditos para la Historia de España*, Tomo XV, Madrid, Imprenta de la Viuda de Calero, 1849

Sánchez Montañés, Emma. *Fuentes Españolas y Etnografía. La Costa Pacífica Estadounidense a finales del siglo XVIII*, en E. Sánchez Montañés, S. L. Hilton, A. Hernández Ruigómez, E I. García Montón (EDS.), Norteamérica a finales del siglo XVIII: España y los Estados Unidos: 45-68, edit. Fundación Consejo España-EEUU y Marcial Pons, Madrid, 2008

Sepsi, E., Nagy, J. y Vassányi, M.(editors). *Indigenous Perspectives of North America: A Collection of Studies*, Cambridge Scholars Publishing, UK, 2014

Trejo Barajas, Dení. *El puerto de San Blas, el contrabando y el inicio de la internalización del comercio en el Pacífico noroeste,* Tzintzun, en Revista de Estudios Históricos, n° 44, julio-diciembre 2006

Varios autores. *De San Blas hasta la Alta California, los viajes y diarios de Juan Joseph Pérez Hernández*, Universidad Nacional Autónoma de México, 2006

Varios autores. *Diario del viaje de Juan Rodríguez Cabrillo hecha por Juan Páez*, en Colección de diarios y relaciones para la historia de los viajes y descubrimientos, tomo I, Instituto Histórico de la Marina, Madrid, 1943

Varios autores. *Relación del viaje de Sebastián Vizcaíno en 1602 hecha por fray Antonio de la Ascensión*, en Colección de Documentos Inéditos relativos al descubrimiento, conquista y organización de las antiguas posesiones españolas de América y Oceanía, sacados de los Archivos del Reino, y muy especialmente del de Indias, tomo VIII, Madrid, 1867

Varios autores. *The North American Review*, Volumen 16, edit. Jared Sparks, Edward Everett, James Russell Lowell, Henry Cabot Lodge, Boston, 1823

Varios autores. *Los indios de América del Norte en el siglo XVIII*, edit. Fundación Santillana, 1992

Varios autores (editors of the Encyclopaedia Britanica). *Yurok*, en Encyclopaedia Britanica, Inc., 2017

Varios autores. *Four Travel Journals, The Americas, Antarctica and Africa, 1775-1874*, editado por R. J. Campbell, Herbert K. Beals, Ann Savours, Anita McConnell, Roy Bridges, New York, 2017

Venegas, Miguel. *Noticia de la California y de su Conquista temporal y espiritual hasta el tiempo presente*, tomo I, edit. Maxtor, Valladolid, 2013

Waldman, Carl. Y Braun, Molly. *Atlas of the North American Indian*, Infobase Publishing, New York, 2009

Zdenek, J.W. *Fray Antonio de la Ascensión, cronista olvidado de California*, en Bulletin Hispanique, 72-3-4, Bordeaux, páginas 277 a 291, 1970

Made in the USA
Monee, IL
19 August 2024

63549979R00152